U0643690

叶开的魔法语文

YE KAI DE MOFA YUWEN

叶开 主编

第六课

我的秘密月球基地

WO DE MIMI YUEQIU JIDI

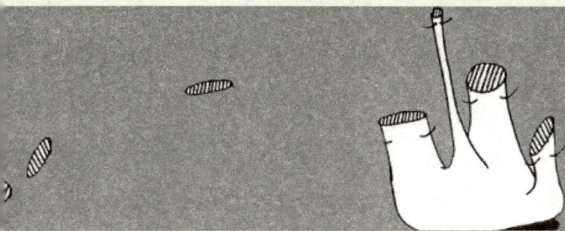

百花洲文艺出版社
BAIHUAZHOU LITERATURE AND ART PRESS

图书在版编目（CIP）数据

我的秘密月球基地 / 叶开主编. -- 南昌 : 百花洲文艺出版社, 2018.4

（叶开的魔法语文）

ISBN 978-7-5500-2739-8

Ⅰ.①我… Ⅱ.①叶… Ⅲ.①作文 - 中小学 - 选集 Ⅳ.①H194.5

中国版本图书馆CIP数据核字（2018）第054040号

我的秘密月球基地

叶　开　主编

出 版 人	姚雪雪
责任编辑	王俊琴
书籍设计	赵　霞
插　　画	饶凯西
制　　作	何　丹　周璐敏
出版发行	百花洲文艺出版社
社　　址	南昌市红谷滩世贸路898号博能中心一期A座20楼
邮　　编	330038
经　　销	全国新华书店
印　　刷	江西千叶彩印有限公司
开　　本	720mm×1000mm　1/16　印张　13.5
版　　次	2018年7月第1版第1次印刷
字　　数	100千字
书　　号	ISBN 978-7-5500-2739-8
定　　价	39.00元

赣版权登字　05-2018-122

邮购联系　0791-86895108

网址　http://www.bhzwy.com

图书若有印装错误，影响阅读，可向承印厂联系调换。

爱写作的孩子是一座魔法星球

叶 开

感谢读者朋友打开这本书，感谢你们看到我写的这篇小序。

请允许我略微骄傲地向你们介绍这套独一无二的作品集。

收入这套十二册近百万字的作品集，不是大家习以为常的课堂作文集、满分作文集、考试作文集，而是一整套由小学生和初中生自己创作出来的、风格独特、形态各异的优秀文学作品集。

我曾给这些孩子讲授一门“深阅读课程”。每次课后布置写作，孩子们立即“占楼”，并“光速”交作业。我每次都读得愉快兴奋，常常熬夜给他们的作文写下很长的分析和评语。

我精心挑选出来很多作品和孩子们一起阅读，讨论，思考。有莫言的短篇小说《大风》、刘慈欣的短篇科幻小说《诗云》、柳文扬的短篇科幻小说《一日囚》以及唐传奇中的名作《板桥三娘子》《聂隐娘》等，读了这些作品之后，他们脑洞大开，进而形成自己的独特思考，并开始了自己的精妙创作。

其中有一个良好的“副”作用——当他们逐渐成熟，学会运用作文套路后，这些在写作能力上达到同龄人中较高水平的孩子，面对应试作文时“杀鸡用了宰牛刀”，大多数人都能轻而易举地写出高分作文。

上海高考语文阅卷组组长周宏教授，常在我的微信朋友圈里为这些小朋友的作品点赞。他认为，孩子们都这样学习写作，今后高考写作文根本不是问题。

我曾说：语言是人类文明的底层操作系统。

如同电脑上、手机上无数的apps应用程序，都要安装在微软公司的Windows操作系统、苹果公司的macOS和IOS操作系统以及谷歌公司的安卓操作系统上一样，人类文明的其他形态，无论是天文、地理、工程、建筑、绘画、雕塑，以及各类科学，都要建立在语言这个操作系统上。语言的好与坏，直接影响到整个文明系统的稳定性。一个高级文明生态系统，他们的语言必定是高级的，他们创作出来的文学作品也必定是高级的。当今最发达的文明国家，他们的语言必定是最丰富的，其写作能力也必定是最高超的，而这些文明国家所留下来的文学作品（语言的最高形式），也必定是最优秀的。建立在这些丰富的文学作品上的文明形态，其想象力、创造力和制造力，都是非常惊人的。

语言一旦崩溃，一切文明形态都将崩溃。

如果我们使用的语言虚假、无趣、伪善，则其他的apps也无法超越。整个文明形态要更加真实、丰富、优雅、有趣、向上，则语言首先就要具备真实、自然、准确的基本要素，进一步，则是高效表达、有趣表达、丰富表达。

社会各行各业，哪一行能离开“写作”呢？语言表达的各种外在形式，无论是政治家演讲、国情咨文、周末报告、股票路演、公司总结、宣传文案，哪一样，都离不开写作能力。我从来没有见到过哪一个优秀作家是口讷不善言的。他们“不说话”，要么是不愿意在某种场合上表达，要么就是代笔的假作家。而那些写作能力强的人，总有更大的上升空间，有更广阔更高远的未来。

文集里这些小作者，从小学二年级到初中二年级，主力作者在上五、六年级——九岁至十二岁左右的年龄。当大多数同龄孩子咬笔头、搔脑袋、苦思冥想、灵感枯竭时，这些孩子个个都是脑洞大开、神思缤纷、下笔如有神，创作出一篇又一篇令人赞叹的作品。

这些作品中，有些特别成熟，有些略显稚嫩，有些特别有趣，有些非常可爱，总体呈现出新世纪少年的丰富想象和思考。

读了他们的作品，我自己也深受启发。我发现大多数成年人对孩子们的内心世界严重缺乏理解，成年人对孩子的认识大多是模糊的、空白的。因为，能读到孩子们真情实感、抒发胸臆的作品实在少之又少，缺乏足够的学习和分析资料。

在课堂作文、应试作文中，学生们只能走套路，写虚假文章，没有机会表达自己的内心和独特的思考，找不到合适的地方表达自己的复杂情绪。而在我的课堂里，他们得到了痛快淋漓的释放。

每个小孩都是一个小宇宙，当这个小宇宙的能量受到有效的激发而爆炸时，你才知道自己的孩子到底有多么与众不同。

孩子们年纪虽然小，但是他们通过互联网的手段，接触到的外部世界，比自己的父母和老师想象中的要丰富、生动得多。然而，他们在传统的课堂里，却没有太多机会表现自己。大多数孩子，也没学会以写作的方式表达自己，展现自己。

我长期与孩子们交朋友，和他们不间断地交流。知道他们表面很天真、很幼稚，其实小家伙很懂得伪装，知道在什么情况下，要隐瞒，不让大人看到自己的真实爱好。只在自由表达中，他们才会敞开心扉，吐露自己内心的秘密。

阅读这些作品，我们才会恍然大悟：原来孩子的身体里也隐藏着一个宇宙！爱写作的孩子，是一座魔法星球。

他们的内心很丰富，他们的思想很复杂，不像外表显得那么稚嫩，那么单纯。当你认识这些孩子时，会很惊讶：他们看起来跟其他孩子差不多的稚嫩表情底下，竟然能隐藏着如此丰富的想象力，这么美妙的创造力。他们以自然准确而优美的语言，创作出属于自己的想象王国。在这个时候，爱写作的孩子已经拥有整个属于自己的世界。

他们都拥有一座属于自己的秘密魔法星球。

有些小孩子在作品里写道：老师和父母都认定小孩子幼稚，因此小孩子也装得很幼稚了。成年人想当然地把自己的固有概念套到孩子身上，以僵化的态度来塑造孩子，并且被自己的观点所迷惑，而无法有效地与自己的孩子交流。孩子们只好机智勇敢地、故意卖个破绽地装出单纯幼稚的样子，满足成年人对小孩子的虚假想象和塑造。

“狼昨”是我最杰出的学生之一。她是一位擅长编程，满脑子奇思妙想的七年级女孩，去年曾写过一篇科幻小说《过去的时光》，以科幻的形式来写成年人和小孩子之间的深深隔阂。

她想象有两种星球：大人星球和小孩子星球。这两个星球彼此缺乏了解——相比之下，还是小孩子星球对大人星球了解更多一些。但是大人星球自以为很懂小孩子星球。他们不假思索地认为，自己天然地对小孩子星球有居高临下的优势，总是发布各种命令，提出各种要求……

这篇作品包含了丰富的孩子心理信息，推荐各位爸爸妈妈一定要好好阅读。也推荐给教育界的各位人士，我们自以为了解的孩子，并不是教科书想当然写的那样。想深入理解小孩子的内心，要真正懂得教育，我建议好好地阅读一下他们的作品，其中的第一册《用七个关键词描述自己》，就是了解孩子们的最好材料。

小孩子们的内心不仅仅如此，他们还总是思考着一些奇妙的历史和宇宙。

“木木水丁”也是我最杰出的学生之一，她运用自己学到的宇宙知识和历史知识，在科幻小说《频闪时空》里，设想了一个特殊的问题：我们的宇宙历史，会不会是由一张张特殊的“照片”组成的？每个不同的时空就是一个不同的星球，人长大是不断地从一个星球迁移到另一个星球。人类自己身在局中，不知道其中的奥妙——只有不知身居何处的“时空主宰”在操控一切。而深知“时空主宰”奥秘的那个人，生活在公元元年，他的名字叫作“耶稣”。

读完这部作品，会发现这是一种历史文化和宇宙观念的奇妙旅程。其中写到主人公穿越回到公元元年（这个星球），见到了那个叫作耶稣的五岁孩子，这才知道历史典籍记载的耶稣诞辰一直是错误的：耶稣五年前就出生了。

这里面有很多特殊的思考，真的“亮瞎”了我的“钛合金”眼睛。

“沼泽”也是我最杰出的学生之一。他在五年级时就写出了探讨“不确定性”的一部杰出的科幻小说《骰子》。其中写到了一名来自火星的名侦探匹克，一到地球就失踪了。而地球上最神秘的黑暗势力的领袖，正在巴黎的下水道里，打算实施把整个太阳系各个行星炸掉的庞大阴谋。他到底会不会炸掉太阳系里的那些行星呢？关键看头号恐怖分子Forever会不会掷出某个特定的点数：星球的命运，建立在偶然、随机上。

在小说里，小作者熟练地运用了“量子力学”理论，还巧妙地谈到了“薛定谔的猫”等概念，令人大开眼界。他在五年级时上唐传奇《聂隐娘》的课，课后写了一篇科幻小说《楚门的世界》。凭着这篇优秀作品，他被上海最著名的民办学校之一——平和双语学校特招进初中部。

“颜梓华”也是我最杰出的学生之一，前不久他写出了一部三万字的中篇科幻小说《地球四十八小时》，读了令我深为赞叹。

小说里写某高智慧外星文明的男主角小男孩要去另外一个遥远星球探望父亲而搭乘星际列车旅行，因误入某种时空漩涡，星际列车穿越了时空，停靠在了几千光年之外的地球的某个车站。这让小主人公在从未到过的地球世界里，经历了四十八小时惊心动魄的冒险。小说结构很精简，人物和人物关系设定很合理，其写作能力，远远超出了很多大学中文系的学生。

“雪穗·茗萱”是研究阿西莫夫科幻名作《银河帝国》系列的小专家，现在读七年级。她写的科幻小说《银河帝国·虎》，结构之精妙，故事之出人意料而又合情合理，文笔之好，简直是阿西莫夫再世。

另一位七年级的天才少年周阳，也以阿西莫夫的《机器人帝国》为灵感，创作了一部优秀作品《机器人星球长》，写某天突然爆发了一条信息“地球星球长萨旦·奥利瓦是机器人”，而迅速流传到宇宙中有人类居住的四十五个星球中，宇宙世界联合组织委派名侦探夏洛克·安德罗斯前来地球调查真相。故事结构非常特别，结尾出人意料又合情合理，充分体现了小作者的谋篇布局和叙事推进的高超能力。

六年级学生黄铭楷的科幻小说《命运之钟》，写某台来自宇宙最先进文明的机器，落在地球上，而为地球人所用。这台机器是一部超高能的计算机，能计算出地球上每一个人的命运走向。因此，王国内每一个人出生之后，都要来到这个“命运之钟”前检测自己的命运。那些被宣判未来会变得邪恶的人，就会被抛弃被杀死。而最奇特的事情，发生在国王的两个孩子身上，“命运之钟”判定他们会自相残杀。老国王痛苦不堪，但不肯对这两个孩子采取“抛弃”的方式，那么，两位王子如何突破这个命运的陷阱呢？故事结构之巧妙，解决之合理，我也一直记忆深刻。

我教过的学生中优秀的科幻少年很多，除上面的那些小天才之外，还有现在读五年级的张小源、五年级的李华悦、七年级的时践、五年级的周子元、四年级的郑婉清、四年级的刘悦彤、六年级的张倍宁、八年级的程琪鸿、七年级的李暖欣等等，恕我不能一一列举更多的名字，他们都写出了精彩的科幻小说，读了真是让人感到大开眼界。

除了科幻小说之外，这些文集里，还有大量的幻想小说，包括魔幻小说、玄幻小说、奇幻小说等，深受一起学习的孩子们欢迎的枫小蓝、戒月、莞若清风，是幻想小说的天王三人组，是真正的幻想小说天才。还有徐鸣泽、丁希音、何浥尘、杨睿敏、雾霭青青、幂小狐等，都是幻想小说的顶尖高手。

孩子们不仅仅是写幻想小说才能高超，在打通灵感之泉以后，他们写其他文类如记叙文、议论文等，都得心应手。游记、影评、书评，完全不在话下。

浙江平湖的张小源同学四年级跟我学习，现在五年级。她创造的幻想作品风格多样，跨度很大，屡有佳作，而科幻小说也像模像样。她写的游记、影评、书评，都非常精彩。写美国科幻鬼才菲利普·迪克的文章，写《哈利波特》的书评，都非常老到。

当孩子打开写作的闸门之后，他们就会在写作的过程中不断地“虹吸知识”，为了某些特定的知识内容，去寻找资料，认真了解学习相关的知识。例如“量子力学”“测不准原理”“相对论”等等，这些远远超出了他们年龄的知识，他们都孜孜不倦地去学习，而且热情高涨。

南京五年级小学生徐鸣泽，跟我学了袁枚《子不语》里一篇《赵大将军刺皮脸怪》而迷上了这部文言小说，自己读完了厚厚一本文言文作品，在班里建了一个《子不语》阅读小组。这些孩子的文言文阅读能力已经超过了很多高中生甚至大学生。在跟随我参加南京先锋书店里举行的跨年诗歌晚会时，台湾著名翻译家、诗人陈黎教授看到了徐鸣泽和她的小伙伴莞若清风，感到非常震惊，说你们不是小学生吗？怎么能看懂繁体字，看懂文言文的！

在孩子们眼中的幻想小说天才莞若清风，是一个精通古希腊罗马神话、埃及神话、北欧神话等各类神话的六年级女孩子，她深入浅出地化用这些神话元素，写出了一部部精彩的幻想小说。我一直记得她的杰出作品《雪雕冰神》，那么美好的一个幻想世界，也只有这些心灵纯净，未受到污染的孩子，才能创造出来。

而运用了特殊的地理知识和对《魔戒》的深阅读，七年级的时践创作了一部三万字的魔幻小说《费斯·波金与邪恶之眼》。

一介绍就“如数家珍”，有点兴奋过头了。

这套书中很多作品，在“叶开的魔法语文”公众号发出后，得到了全国各地的著名作家、出版家、编辑和优秀语文教师的点赞和激赏。

当我把一个专辑发在朋友圈里时，诺贝尔文学奖获得者莫言老师也点赞留言，说：“开卷有益！”又补充说，“开叶开的卷有益！”

北京师范大学科幻小说研究中心主任、博士生导师吴岩教授也常常为这些孩子的科幻作品点赞。

这里，要特别感谢我的老朋友——百花洲文艺出版社的姚雪雪社长。她慧眼识珠，一眼就看到了这些小朋友发表的作品中蕴含着惊人的潜力，立即跟我商量，请我负责编辑，由百花洲文艺出版社于2018年作为重点图书出版这套作品集。

编完了小朋友们创作出来的十二册《叶开的魔法语文》作品集，我的主要表情是“惊呆”，次要表情是“感到不可思议”。

这些脑洞大开的作品，每次交上来我都会逐一点评，印象深刻，感受特别。这些作品都是2017年夏天以前创作的，所以出书时标记的是小作者们写作时的年级。再次编辑这十二册近百万字的作品集，我为孩子们的真实自然准确的语言所惊叹，为他们的想象力和创造力所再度折服。

我是中国现当代文学博士科班出身，在《收获》杂志社做了二十多年的职业编辑，阅读过大量的文学作品，编发过国内外许多一流作家的优秀小说。本来以为自己已经读麻木了，天底下没什么新鲜事了，没想到在与这些孩子一起度过一年多的“深阅读”和“创造性写作”的美好时光之后，发现他们在得到有效的深阅读训练，学会有效思考，体会到高效率语言表达的乐趣之后，创作热情被激发了，而写出了前所未有的美好作品。有些孩子简直是灵感如涌泉，被激发得闪闪发光。他们的写作题材非常广泛，形式极其丰富，表达生动活泼有趣。如果不是被激发之后，渐渐进入更为自由的写作状态，我们很难理解，为何这些小孩子脑袋中竟然能藏着如此丰富的思考、如此瑰丽的想象、如此自由的表达。无论是科幻小说、玄幻小说、穿越小说、武侠小说还是游记、书评，他们都写得观点鲜明，精彩有趣，色彩缤纷，让人产生浓重的阅读兴趣。

我和一些孩子见过很多次，平时追逐嬉戏，打打闹闹，跟普通熊孩子差不多。但是，且慢，不要以貌取人。他们的脑袋里，藏有比黄金更珍贵的奇思妙想。他们的大脑如同宇宙一样无垠，他们的思考如同光速一样快捷，他们的表达像加特林机关枪一样干脆利索。有些人物关系的处理，他们比成年人更加直截了当；而在细节表现上，则精微而晶莹。

他们还小，未来无可限量。

同样，你们的孩子也还小，未来无可限量。

相信他们，就是相信未来。

这些孩子的潜力，都有待我们的呵护与激发。

2018年2月3日

目录
CONTENTS

1 被删除的世界

狼昨（桂一今） 六年级

本文集第四、五、六课于一体，集天地之精华写成！

——题记

WHATEVER 中学九年级期末常识考试第三大题第2小题，判断题：

宠物一定是动物，但动物不一定是宠物。（ ）

我微笑着，打了一个大叉。

真神奇，考试成绩一向垫底，基本上从来没有对学习上心的小月，居然会做——也就是我居然能及格了，凭借这一题。

说到我的学习，其实不是我不会，笨，或者学不好，我还是挺聪明的，也曾经挺努力——入学考以第一的成绩考入，七年级以年级第一的成绩结业后，就再也没有发光过了。原因……其实很简单，那就是我的报复罢了。升学？被别人瞧不起？他们有没有想过，遭受校园欺凌时听到的只有一句轻描淡写的“从自己身上找原因”？有没有想过，各种学校来找我保送高中，却被学校拒绝因为想让我直升——虽然我不喜欢文科（恰恰是我们学校擅长的）？有没有想过让我成为寄宿生的那一场车祸？相比起我的自尊心，这都不是个事儿。

回到考试上。

动物（过去式的一个词）——过去由细胞为基本元素组成的生命体，分为有脊椎和无脊椎。

宠物——人工化学合成的“人工智能”体，保留皮毛触感……性格一般都温顺，乖巧。

最后一只苍蝇在前年八月底逝世（基因工程都无力回天！）后，宠物就成了我们唯一的寄托。

我为什么知道这么多呢？一方面是因为前年我还是个好学生，关注社会实践，那次报告还拿了满分。另一方面是，我现在面对的，就是这么个“小”家伙。

我时不时地看看床上的小时——他叫这个名字或许是纪念风水轮流转世界的变化，也许是感慨随着时间、事物本真的腐蚀……也许……只是我的恶趣味吧!

记得捡到他的时候,是在得知父母出了车祸的消息后——(被追尾时刹车和油门失灵,他们的车翻过来转了三圈,但因为对方是个高官,不仅不用赔偿还是我父母全责)——从医院返回时路过学校后门工厂外,路边的处理器里,他被装在一个盒子里,上面贴着“不合格——性格和社会行为”的标牌,旁边写着“需要销毁”四个大红字。

我当然知道销毁意味着什么!虽然可能有各种性格和社会行为——只是可能,谁知道他们会编出什么幺蛾子来销毁无辜的生物呢?像我一样,不温顺,不乖巧,不合群,有问题么?

留言(不算入正文):

在这个万恶的社会上:个人荣誉感这种东西,有也要假装没有;集体荣誉感这种东西,没有也要假装有。

然后?

我一时脑抽,把他捡回来了。

虽然学校对带宠物没什么意见,但是还是免不了被嘲弄一番。

“哎?这不是月月么?现在怎么了?买回来一头猪?啧啧,果然啊……”

“她买得起么?哪怕猪那么便宜。你看,啧啧啧,校服上(朝我的衣服泼来一杯黑色液体）这都不洗的，真恶心。"

"是哎，该不会……是捡的吧！"

"哈哈哈，现在捡垃圾的月月真的变成猪了。"

"哈哈哈！"

当初真的不知道是怎么回到宿舍的。

生活嘲弄和白眼中，我已经麻木了。

也想过要把小时扔了，任他自生自灭，至少比"销毁"好，但是最后想了想本来就没有接受过野外训练和本能基因的，在野外也是凶多吉少还会遇到种种危险，所以心一软就留下了他，现在想想真是我做过的最正确的决定。反正是一个人的宿舍——不是我付的钱多，也不是因为学校照顾我，而是没人愿意和我一间宿舍。

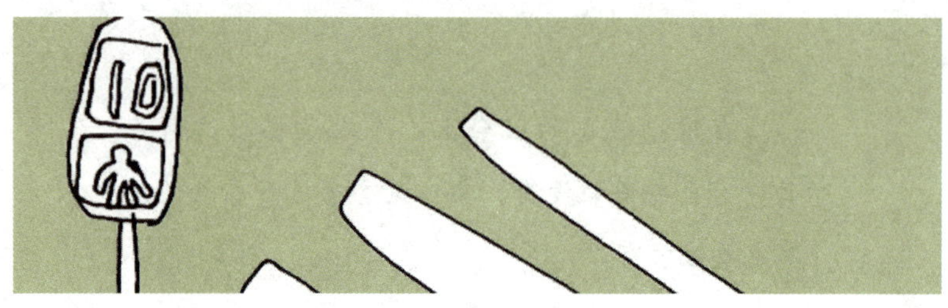

现在和小时也相处了快一年了。

他还是很讨人喜欢的，最主要的是和我在很小的时候，小到还没有污染，动物还遍地都是的时候养过的一只"动物"猪一样。虽然那只猪后来失踪了，但那真的是一段很美好的回忆。会闯祸，会用鼻子拱我的腿，会扯我裤管。虽然没有别人的宠物讨喜的，对主人唯命是从的性格，但又有什么关系呢。

在考试后的几天里，我一直都泡在宿舍里，没课了，只是等成绩而已，吃饭出去一下，其他时候就不需要勉强自己出现在别人异样的眼光之中了，平常这个时候……算了，不想了，想想就难受。

当我吃完晚饭回到宿舍的时候，我直接重重地把脸埋在了床上——床还是一如既往的硬，硌死了——又是无聊平凡的一天。

我打开手表的新闻和资讯功能，仰卧在床上开始刷信息。

“为何小学生威胁勒索同班同学？”

“bla！”

“blabla！”

“是真是非……”

终于，我的目光凝聚到了一条消息上：“月球旅行学生测试以及未来。”

学生嘛……虽然我知道可能是闲得无聊的人们的专利，但还是单击了这条新闻。

哎？！

统一测试的？！

所有人都有机会？！

身体素质为准？

这么好的机会，还是免费的，去去去！

我马上点开了报名链接，填写了信息开始报名……我也是太冲动了呀，所幸不需要家长许可什么的，出奇地……低门槛。

过了几个星期，当我都忘记了这件事情的时候，接到了一个电话，是问我关于……月球旅行的。

我也不是没有听说过月球旅行，去年家境还算优渥的时候也是去过月球一个工厂参观的，而且玩得还是蛮尽兴，唯一美中不足的就是环境比较荒凉，全是坑坑洼洼的孔、洞，附近除了工厂和宿舍基本上什么都没有的。

现在最远的技术，应该是到小行星带吧。月球，虽然不算什么特别遥远高级，但今非昔比，现在设施齐全，环境优美，去玩玩也是不错了。

接到了通知，不明不白地在暑假注销了宿舍，然后带着小时登上了出发的飞行器。

“哎，为什么就我一个人在这上面嘞？是后面还有人么？”

“不是就你一个人啊，还有诺，我和他。”

一个穿着便携太空服的男孩指了指角落里一脸忧郁的女孩子，我和他们三人差不多大，兴趣不知道相不相投，但是看起来……区别还是蛮大的。

出发的时候一路无话，只不过男孩表明了可以叫他小羊这个事实。

到达了月球，惊奇地发现我们下去的地点是不一样的！小羊所在地高楼林立，基本上和平常的地球看不出什么区别，只不过人造草皮有点稀疏，时不时还露出一块地皮来。繁华区下了机，另外角落里的女孩子则是在月球后部的高科技工作区下去，而我，一直到了将近月心的位置——在月球后部挖了一个大孔。每个人下机的时候，只有自己才能下去，其他人是无法穿过门走过去的，也不知道是什么身份识别科技。

看到了附近荒无人烟的样子，走在几乎没有一丝光的地下洞窟里时，我都想放弃，掉头回去了，但是这好歹是免费旅行，而且都到了，看看再走也没什么不好的。

小时将头埋进了我的怀里，我拍拍他的背表示你不要怕我会带你一起飞进月心。

我现在已经到了“奇点”也就是我们的目标地点了，里面的人拍了拍我的肩膀，叫我进一个封闭的房间坐一会，就去参观科研项目，我皱了皱眉头也没说什么，就走进去坐了下来。

“啊啊啊这个世界好神奇啊啊啊啊啊！”

我两眼一黑，什么都看不到了。听到小时的二十声惨叫和我的三百八十四次心跳后，我发现我完全后悔了，月球旅行，果然是一个梦，一点都不美好。虽然有优渥的环境，便利的生活和新型设施，但是免费旅行……

我们……死了对不对？被算计了？

算了，死了最好，没有那么多钩心斗角和奇奇怪怪的东西。但是小时怎么办？

还是一起死了？管不了那么多了，再见了，世界。

就在这时，我耳边响起了一个声音：“真是的，遗言留好了没？好了就和我去中转站。真是的，蓝那个家伙，捅出这么大一娄子还要我来收拾……”

嗯？什么鬼？

我一时没反应过来——也来不及反应过来，因为我马上就被拽去了那个所谓的“中转站”。

“3号B型波长稳定时空？三维为基点？”我惊奇地发现这个声

音是刚才角落里女孩的，她的声音很细，虽然此前只和我说过两个字，我也可以轻易辨别出来。

“是的。话说你真是的，时空管理局丢只猪进去？有你的好吧。”

“知道了知道了，小蓝你也挺惨的，整天都在各种时空执行各种任务，必要的时候还得补缺里面缺失任务的位置嘤嘤嘤……”茶装模作样地假哭了起来。

“哎……每个小时空都是一套完整的架构啊。特别是上次那个世界观宏大得要命的……还十一维呢，宇宙也有，但是……只是很小的只被蒙在鼓里的蚂蚁呀。”

“对了，话说我们，会不会也是一样的呢？上面的高等生物，想删除我们就删了，像我们对无挽做的一样。”

我一脸懵地围观着茶和蓝的谈话，啧啧啧，一个字都听不进去。

茶终于注意到我了：“对了，你叫月是吧？这样，这只猪留下，你可以走了。”

“为什么要我走？”我很“有气势”地问，要知道，要留下我也要留下蹭饭呀……不对，是小时一定要和我一起走。

“哦，这个猪不属于你们的时空，去去去。”茶很不以为然地说，好像我是一只蚂蚁，无足轻重。

小时叫着发出抗议声，好像很不愿意回去原来的故乡一样。

“茶，让她们回去吧，不然闹得都僵了……”蓝细声细气提出建议，貌似在为我们和各方面着想。

“回去？还要问上面么……而且，时空的枢纽要是出了问题，谁来负这个责？依我说，这个嘛，我们都把猪搞回来了，就应该对接交换，那啥，不是那边还有本来是这边的猪么，那只给她？”

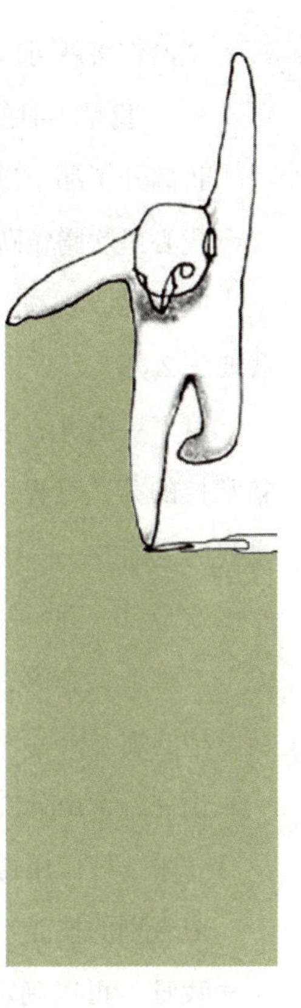

“也行。”蓝松口了，“毕竟光这次的控制广告可见和飞船设架就很麻烦了，可以不要继续折腾了。”

“那么你等一下，我把真正的这个猪找回来。”

“咳咳。”我终于发话了，“可以不要叫小时‘这个猪’么？他有名字的，对我很重要。”

“哦，小时，可以。”茶继续忙的时候随口答道。

过了一会儿……

“奇怪，怎么查不到具体信息？是不是目标时空出了问题？”茶问道。

“时空没错啊。”

“那么就只有一种可能了——目标死亡。”

“这个……恐怕这猪……不，小时会清楚一点吧，要不去调用一下记忆库？”

“我没意见，那么小月你呢？”

“没伤害就可以啊。”

——我是小时的回忆——

我离开了那个鬼地方？我离开了那个鬼地方！

我心里欢腾雀跃着，毕竟逃过了被做成猪肉的命运。

问题是，现在，我要何去何从？没有生存技能，什么都没有，我要怎么办？

过了一会儿，我发现大概最好的打算就是去那个地方吧。那个猪掌控的第三世界，我不止一次听老资格的猪说起过—，发起人还是我的老朋友——比我先逃走的肉猪，我叫他凌。

欢欣了三秒钟不到，问题就来了：我该怎么去往“那个地方”？那，又在哪？我正为此事发愁的时候，忽然听到了一个属于荷兰猪的细小声音，“你是要去那个地方？那么跟我来如何？”

说完，不由分说就把我带走了。

“带”好像用得不准确，其实，严格来说，是传送。

或者别的技能？

我唯一可以确定的，就是技术……比我所熟知的农村里的，高级多了。

“对了，”茶插了一句话，“荷兰猪……就是执行任务的蓝，玩脱了就帮小时了，不然按照任务剧情……小时也不可能……了，没有科技肯定会被抓住的。”

三秒钟不到的时间，我就和荷兰猪一起到了一个不知道是哪儿的地方。

我感激地拱了拱荷兰猪的腹部，但是她似乎并不喜欢这种感觉，连连后退。

“好了，临哥，就送到这儿了。”荷兰猪对身旁一头肥硕无比的猪毕恭毕敬地说道。

“凌？是你？太好了！还认识我么？我都认不出来你了……以前瘦得跟啥似的……看来过得不错啊，是不是？”

“你是谁？”他用一种狐疑的眼神看着我。

“你都是凌了，我还能是谁啊？曦啊，或者叫我小名小时也行啊。”我笑道，只觉得是凌开的一个玩笑或者是记性问题。

“不认识。小荷，你不是要执行任务么，做得怎么样了？”

荷兰猪低下头，“差不多了。”

“挺好的，你走吧，钱少不了你的。”

西装革履的肥猪双脚直立起来，在只有一扇窗一个门的房间里勉强踱步了两下，背对着我问，“你到底是谁？”

“你是谁？”我反问道，现在真的有点不寻常了。凌哪怕记性……也不会坏成这样啊。

“在下还能是谁？临，著名的科技共和国君主，一切决定由我制定。”他转过身，对我微微笑了笑，脸上肥硕的肉一抖一抖，以至于让我分不清是真笑，假笑，还是天生面瘫。

“那么……这个科技共和国……就是所说的‘那个地方’咯？”

“是的。如你所见，我们在太平洋的最后一块净土上，也是科技共和国。我们经过与人类的征战，最终统一志向的自由同胞，来到这里。我们经过了多年的发展，科技十分先进，有这个运输的拖车，可以做到半自动……还有这个……人类肯定没有想出来的——”他右手举起一个厚一本词典的小物件，自豪地仰起头，“通讯装置，可以语音通话！最多1分钟只要10通用货币！普及程度达到了20%，而且正在增长！”

“我叫他——爪机！原理是首先连线到统一城市埋线的通讯台，然后员工转接给需要的人。”

我的脸抖动了一下，这不就是所谓的手机么？人类可是好几年前就有了比这个功能更多的东西。

“这个……人类好像也有。”说好的高科技呢？

“胡说什么呢？怎么可能啊。在我——临——的领导下，我们的科技远远超过了可恨的人类！我们也是上下团结的！有独立的阶级制度。”他又骄傲地昂起了脑袋。

“——也就是独裁。”我没好气地接过了话锋，这类词语，以前人家学习的孩子房外就是猪圈，所以我和凌多多少少都懂一些知识。

“你到底是不是凌？”我真的不敢相信，要是这是凌的话，怎么会这么……蠢。

“我还能是谁啊……等等，你不会是说……凌？后鼻音？”

原来这头猪还知道前后鼻音么，呵呵哒。

“还能是谁啊？”我用关爱智障的口吻回答。

“我是临啊……临，就是两个一一个一个今一个日的！那个凌……早就不知道死到哪里去了，事实也是如此，已经不存在的。”

“是一个田少一竖，不是一个日。”虽然对凌“不存在了”的消息我感到蜜汁不知道干什么，但是强迫症还是要表现一下的。

“你敢质疑我！刚才不是还夸我独裁的么？来人！！！小荷，对，过来一下！”

小荷和临耳语了一阵，最后做出了决定：“你就去我们新开发的‘黄盘’执行任务吧。天上的，大家说那个很大，不是小的，只是看起来小，所以你要去看看，小荷会帮你准备弹弓把你弹上去，前面也有一个猪，好像就是你说的那个凌疯狂地造出一个巨大的圆球还说是‘飞行器’，飞上天就再没回来了。”

弹……弓……登月？

我估计会成为，不论是人类，还是猪类，历史上最大的笑话吧。

就当我被弹上天的一瞬间，小荷塞给我一个不知道什么东西——很小的东西，然后我就飞了，飞得又高又远，追逐理想去了。

“穿过大气层……哇啊啊！……现在啊啊啊！”

我直接掉到了月球上，发现自己并没有死。

啧……难道这弹弓真的有这么先进？不会死的？还是这是地球，模拟节目？不带这么欺负人的，我好歹也是旁听过学习的猪啊。

我准备先去找凌——貌似他造了个飞船弹上来了，很神奇的是他的技术在离开之后就失传了，但是没有人手是怎么造的飞船？

我理了理身上的毛，在这个过程中被什么东西硌了一下，好像是夹在我毛里面的一小块硬物——疑惑，就要去干……所以我把这个用嘴叼了出来。

我听到了用不标准的猪语说的一段话——可能是外国话吧，“检测到目标，检测到目标，目标生命特征存在，可能构成威胁，将自动清除……”

随着一声炸裂，前方出现了一次小型爆炸，我走近一看，看到的是奄奄一息但又熟悉的……凌。

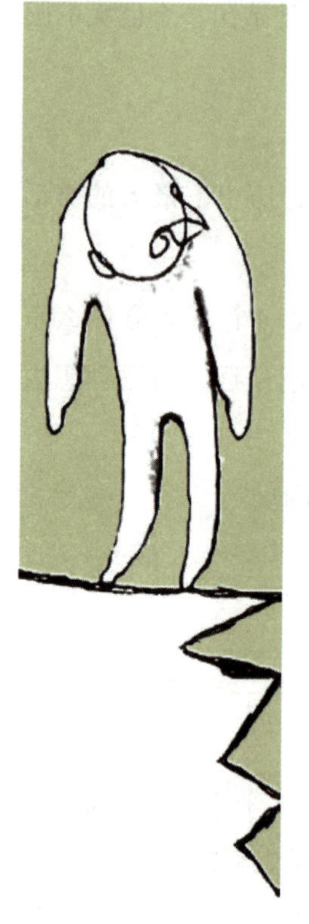

他已说不出话了，但是看着我的目光却满怀着不可置信，和失望。

随着凌的告别，我在这里待坐了很久，考虑究竟是什么势力，是谁，做了这件事。

我无意识继续着理毛工作，终于把那个发出金属味道的硬物再次找到了。

这好像是小荷给的，刚才声音是从这里面发出来的……难不成……小荷……凌？！

我气急败坏，想要离一切和小荷有关的东西远一点，所以将这个金属块用尽全嘴巴力气丢了出去。

“宿主生命垂危……将启动‘不负责车里’功能，传送至主……”

一阵天旋地转之后，我就在一个集装箱里了，一台机器扫描着我和其他猪，最后我被丢了出去，塞进了一个小盒里，倒腾了半天以后……一个女孩子找到了我。

当初我还害怕她会吃了我，事实看来我想多了。

【后面不多说了，怕别人骂我凑字数。】

“所以，是蓝的一片好心，还是？”我终于打破沉默，开口问道。

“是这样的，我们检测到宿主的生命垂危的时候，就从临近的媒介来抓垫背的，然后过渡完全以后再放回去……小荷，不，我，单纯看了一篇某个时空的文章就可怜起那个时空的小时来，把他带回来，给他一个保命工具。其实要是不给他的话，原计划凌不会死，临被推翻，世界以猪为主角发展。但是他不仅活下来了，还把这个装置扯出来到传感器范围了，最要命的是最后丢出来了！所以生命维持装置消失，那个你们世界月球工厂的合成猪就垫背了。本来不用的，但是不知道出了什么幺蛾子，互换了，而不是来了主时空媒介，应该是处理器故障吧……”小蓝一脸抱歉地说。

“现在最要命的就是不属于本时空的生命体在异世界死亡……可能会导致坍塌。”茶郁闷地表示。

“对了，合成猪……大概不算生命的吧？你们怎么检测生命的？”我只是想活跃气氛，结果——

“哎呀，真的是，活动意识存在，我们就认为算生命了，天助我也！但是宇宙公法是不一样的！就是，要是坍塌，必须有……”茶眼睛一亮，脸上的忧愁一扫而光，“太感谢了！”

这就叫有心栽花花不开，无心插柳柳成荫么？

“太好了，不仅不会坍塌，上面也不会处罚，我的奖金啊……”蓝……单纯的蓝……

“那么就没有问题了？”我异常得开心。

“也不是啦……轨道问题主要就是时间轨道，人物死亡和剧情，大概小时的原世界是对不上了……这就很可怕了，一系列的蝴蝶效应都是可能的。”

“对不起。这件事情起因，我也有原因。”我忽然接上，“我看了记忆片段里面的批次号，和我去参观的工厂……完全一样。我在那里，曾经动过一个盒子。基本上就是……被一种神奇的引力撞了一下，然后就让一整个架子和月球底部挪了个坑……大概就是我过来的那个房间的上方，不知道有没有影响？”

“不是你的错。”蓝马上拉下了脸，“引力……是什么样的？”

“就是不由自主的那种……可能是借口吧。”

“要是借口的话，时空就会正常发展了，小月，你没事，重点是，我想是这两个世界的通道出了什么问题。”茶安抚了我一下，随后转过头去对着角落里很没存在感的男生说，“小羊，你去查一下。”

“在这一系列的A、B、C型太阳系架构时空里面，月亮是主要穿越媒介，潮汐将会影响开启的频次。”

为什么我看个免费旅游广告都能扯出这么多事儿来……

过了一会儿，羊注视着显示屏说：“结果出来了，这两个世界大幅度脱节的原因其实是因为……前面的月球事件。在月球事件上保护机制其实是让奄奄一息的凌和时暂时互换的，然后时，或者说凌最后互换，形成了现在死的是时的局面，凌携带着三份芯……隐藏的是凌，没有显示是因为当菜的状态，表面是时，实际……现在被同化成了普通家猪。”

“什么时候被同化的？同化是什么？”我急忙问道。

“刚才在月球上……的时候。你们路过工厂，工厂还有一个功能就是制作尸体与动物，活体因为被认为不存在，所以被同化了射线。”

“现在还有什么补救的方法么……”我问道，因为我真的很不希望自己的世界，乃至宇宙，崩溃。

“删……除……”小蓝三人异口同声说出了这两个字。

要是你们不知道“删除”为什么不能解决一切问题，还要去执行任务填补的话，那你就太嫩了。宇宙也是有承受上限的，每删除一个世界，别的连接世界就会受到影响，蝴蝶效应会传播，最终也可能导致崩溃。而且出于人性的角度也于心不忍。

但是事到如今，就只能删除了。

我真的是对我的亲人，曾经的朋友，还有种种……于心不忍。

但是面对宇宙，我还能有什么办法呢？大局往往更重要。而且很多人……嘲讽过我的，凌辱过我的，我都可以用一种大快人心的方式还回去。

我看着茶按下了“删除”键，连续两次。

小时，或者说凌的眼里也闪耀着泪光——虽然他并不明白这几滴眼泪的含义。

后来，或者说我现在在写这一段的时候，我和小时来到了一个A型的不稳定时空。

我们拒绝了蓝、羊，茶邀请我们加入管理协会的邀约，因为我已经受够了“冒险”，或者“出其不意的鬼东西”了。

我多次把我们的经历写下来投稿出去，但是这个时空自称智人的生物只觉得这是一篇有趣的小说，发表在“儿童/幻想”类别。我注明的“真实性100%”也被当作是很好的搞笑手法。

现在，不管你们相不相信，我们只是众多分支中的一个。我的经历可能是凑巧，也可能只是一个有趣的梦，经过拒绝的我，已经灰心了。这篇文章是在你们2017年的中国写下的，最后一个键是小时帮我按下的。

叶开老师评：

大家都一眼看出来了是“狼昨”（或喵昨）的大作啦！哎呀你真是一个“变身”狂人。不过不管你改名多少次，隐身怎么样，机智勇敢的同学们都能一眼识破，哈哈！正如你自己说的——“转型好难”。

转型如果那么容易，就没有“写作风格”这码事了。因此，写作体现了一个人的真正"人格"。你想来一个"小蓝牌"的风格，也不是那么容易。你那么爱"操纵时空"，尤其爱"旁观者视角"，把整个世界看成是一个"剧本"，而且还能"删除"一些线索，也就是某些"角色"被删除了（地球智人称之为"死亡"）。我一看贴上来的字体，就知道是"喵昨"的作品了。罚你好好隐身一下哈哈，字体稍微搞大一点以方便老眼昏花的叶开"脑师"拜读。

不管怎么说，狼昨这篇号称"集第四、五、六课于一体，集天地之精华写成"的《被删除的世界》，咳咳，确实，首先要说，你把蓝、茶、小羊这几位"好基友"用得够可以了，邀请他们喝茶才对。其次，反正你将之前几次高维世界、角色扮演等等主要思考继续下来，又在这个作业里使用了一次角色监控、扮演和"删除"。是的，如果不良代码，都可以一键删除多好。这是极权社会最爱的功能了，如果真有"删除键"。"删除"是最快速，最干净，也是最干脆的方法。然而人类发明了"道德"和"人性"和"不忍"这些玩意儿，于是，就不能随意删除了，必须起一些特别的"罪名"来删除某些不良体的"肉身"。在这些玩意儿底下，检察官们照样干着"删除"的勾当。所以，我觉得你的题目改为《删除》最恰当，蛮好的，我觉得超级好。

控制了这个剧情线、那个剧情线的蓝和茶，被一个偶然搞错撞破了时空，而破坏了剧情，这个梗超好。不知道你看过《西部世界》没有，那里设定的被人类所控制所玩弄的"机器人世界"，故事线也是被控制，也是被偶然打破的，但是，他们的做法比较粗暴，不如你这个好玩。我觉得，这个"删除"系列和故事线的控制，你可以继续下去，别想着"转型"，写到实在写不下去了，感到恶心了，自然就会转型的。你还小呢，别觉得自己"历尽沧桑"了。写尽这个题材，对写作的提升大有帮助。

2 幻 方

时践（时浩扬） 六年级

远远地，地球闪着神秘的蓝色光芒。它让人如此熟悉，也十分陌生。那里，是监狱，是被人类遗弃的地方。而距离它40千万公里的月球，成为人类的全新住处，成为科技的云顶之星。

这片土地是怎样的荒凉，安静。然而，在最近100年的时间里，月球的改变比原先的100亿年还要大。人类发现了这片从没有被利用过的无价资源。他们探索它，预测它，利用它。月球越来越受人类爱戴。他们在这里建造太空城，研究宇宙武器，探索科技奥秘。就在这同时，地球被人类渐渐抛弃，遗忘。人们一想到它，就会联想到罪恶、丑陋。

现在太阳还没有出现，月球正处于“黑夜”。月球上没有风，只有尘埃、黑暗和死寂。

三个人静静地站在那儿，望着远处的太空城。这三个人来自那颗蓝色的行星，他们上了一艘物资运输的宇宙飞船，偷渡到了月球。

他们中的一个名叫黑寡妇，穿着紧身软甲，黑衣上的紫色条纹闪着光。她曾经是一名黑客，曾经侵入过联合国最高机密情报处。她从四五岁就爱上了信息，发现了人类的薄弱点。在几年的时间里，她黑进了国家银行和政府机构，修改了全世界所有核导弹的最终执行密码。然而，有人注意到了她。那个人改造了她，从一个小女孩儿成为人们惧怕的黑暗。她就像影子，让人摸索不透。

另一个人是一个酷爱研究化学武器的科学家，名叫赛恩斯博士，身穿蓝紫色V形战衣。在一次实验中损坏了大脑神经后，有人用最新的医学激光技术治愈了她。日复一日，她渐渐康复了。她好像得了一种怪病，变得十分疯狂，而思维却异常活跃。她研制出了只有瓶盖大小、质量仅为10克的超微氢原子炸弹，能探测敌人位置的红外线视野护目镜和能在狙击和自动模式间切换的强大步枪。

第三个人代号为74，身披黑色斗篷，全身上下都是纳米铠甲，连面孔都被白色的三孔面具遮着，手里拿着脉冲霰弹双枪。他是一名职业杀手，曾经为美国中情局工作。不知道有多少恐怖分子死在了他的手下。后来，在一次暗杀活动中被炸弹击中，全身五度炸伤，最轻微的结果是终生残疾，只有移植皮肤才能免于丧命。有人给他植入了改造DNA的变异激素。他变得无比强壮，坚不可摧，可以说他有了第二次生命。他变成了真正的杀手，没有对头，没有伤痕。人们称他为死亡机器，有的直接叫他“死神”。

改造他们的“有人”是同一个人，名叫克雷兹，是一个新纪元科学家。他对未知的奥秘充满了好奇，一直在探索人类的极限。他的成就无不令人敬畏，比如枪炮毁不坏之躯，零差错的机械大脑，拆分重组的粒子传送等等。克雷兹是74的哥哥，他们已经有十多年没有见面了。即使这样，也无法浇灭74心中的仇恨之火。他康复后自虐、杀人，觉得自己已经不再是人，没有感情，没有朋友。虽然他不会受伤，但是心中的痛和恨整天都在折磨他，灼烧他。在月球移民中，克雷兹把弟弟留在了地球，希望他不要再卷入危难。可是，谁能想到他是为了保护弟弟而不是逃避一切呢?

时至今日，人们几乎都忘记了他们，但是人们并不知道，一场大战即将来临。

“开始吧。”

黑寡妇按动了手上的一个红色按钮，出现了一道紫色的光，她化成了无数个粒子，消失在黑暗中。

黑寡妇出现在太空城中控制室旁边的走廊尽头。蹑手蹑脚的，她转过走廊的拐角。有两个卫兵拿着红外线激光枪，站在控制室门口。黑寡妇不想制造出太大噪音，以免惊动更多的人。她躲回墙角的阴影里，打开墙上的紧急状况箱，把通知范围设成了“守卫”，这样其他人就不会察觉。

“发生了什么？”一个守卫问。

“这是紧急警报，咱们快到下面看看。”

两个守卫刚拐过拐角，黑寡妇就跑到控制室门口。门上有一块触摸屏，需要输入一串32位数的密码。

“这些人也真会自找麻烦。”黑寡妇暗暗一笑。她用两个虎口拉开一张比纸还薄的光屏电脑，在上面输入了干扰指令。

“指令已执行。”光屏上刚跳出这条信息，黑寡妇就再次回到门边，在密码区输入了32个0。控制室的门立刻滑到了一边。

“已进入控制室。”黑寡妇通过微型耳麦对74和赛恩斯说，“1分钟后开启大门。”

她坐到大显示屏前的椅子上，开始侵入电脑。“我还以为这是世界上最尖端，最先进的安全系统呢。”黑寡妇不屑地说道。

“她还真够快的。”塞恩斯说。

“走吧，否则等会儿你等着打扫战场就行了。”74说着边把手枪上膛。

“哼，想得美。要不咱们比比？”话刚说完，赛恩斯就向上一跃，从天空飞了过去。

“别嚣张，见识一下我的‘幽灵步伐’。”74扣紧暗影履的鞋扣，向前跑去。霎时间，他化成了一团黑雾，在平地上向前飞腾，只留下灰烬滚滚。

控制室的电脑提醒道：“还有 3 秒钟开门。3，2，1……”

“门开了，进来吧。”黑寡妇说。

赛恩斯一下子冲了进去，74化成黑烟紧随其后。两个守卫正在上楼梯，赛恩斯射出一只用钢绳连着的铁镖，正中一个人的咽喉。紧接着，她跳上前，用钢绳勒死了第二个守卫。两个人无声地倒了下去。

“2：0。”塞恩斯说。

她和74冲过第二道敞开的门，前面没有危险。

“黑寡妇，汇报位置。”74说。

这时正在控制室的黑寡妇调出实时定位系统。“你们在第一个拐角处向左拐，经过第三道门后进入露天场地。你们的上七十度十一点方向会有2个重型炮台和8个武装战士，水平两点方向会有16个机器人卫兵。第四道门将在5分钟内关闭。我待会儿和你们在总部大厅集合。”

“我们是为了阻止末日机甲，别伤及无辜。”74说。

“你什么时候变得这么善良了，好，让着你。如果你被‘无辜’杀掉，可别怪我哦。”

他们拐过弯，来到了第三道门。

“你负责上面，我来收拾机器人。”74举起脉冲霰弹双枪，冲了出去。

“不错的计划，但可能轮不到你上阵。”赛恩斯朝地上扔了一个地雷。她往上面一踩，一股紫色的气体推着她飞到了室外炮台边的一个柱子后面。

“小宝贝儿，轮到你了。”她掏出一个“瓶盖”炸弹，扔到了第一个炮台上。这个炸弹表面有一层化学物质，一接触到高温就牢牢地黏在了上面。就听“轰”的一声，第一个炮台和三个战士消失在一团绿色的烟雾中。

在下面，74已经投入了战斗。他用暗影履在地上画了一个圈，消失在燃烧的火焰中，出现在机器守卫边。“让死亡绽放吧。”他飞旋着朝机器守卫开火，15发子弹全部命中，但第16发没射出去。

那个守卫发现了他，举起了枪。“这就是传说中的冥冥天意？”74心想。一道红光。

那个机器人倒在了地上，赛恩斯从上面跳了下来，手里拿着还未冷却的狙击步枪。

“是你！”74咆哮着。

“我只是把你手枪里最后一发子弹的挡板往前移了1毫米而已。”赛恩斯笑着说，“而且你得感谢我救了你的命。”

“如果你不出手，它会死得更惨。”

大概过了20分钟，他们终于收拾了遇见的全部敌人，来到了总部大厅。

“你们总算来了。”控制室里的黑寡妇懒洋洋地靠在椅子上，看着大屏幕上的他们，“这是我见过最快的入侵速度。”

“都怪这个老乌龟，在战斗的时候枪出问题了。”赛恩斯说。

“我可以空手杀了你。”74咬着牙。

“行了，先说正事儿。”黑寡妇坐起身，打开中心监控设施，“你们要在3分钟内到达末日战甲中心，克雷兹将会由两名人类保镖护送，坐4号电梯到达那儿。”

2分钟后，74和赛恩斯到达了末日机甲中心。他们终于亲眼看到了那些庞大的怪物：20米高，无人操控，身上是激光枪得焊上几个小时才能弄出一点儿痕迹的超科技防弹装备，手里拿着超核粒子炮，身后有飞行马达，头部装满了热量探测仪和光线传感器……

“我的老天爷，”赛恩斯低声说，“这疯子居然造出了这种怪物。”

74给枪装好子弹。“等会儿干掉碍事儿的，但先不要一枪了结克雷兹，我有几件事儿要问他。”

赛恩斯戴上了红外线视野护目镜，开始扫描敌人。“大门口有四个，归你了。我到悬梯上等着他。”她说着一纵身，飞跃到了三层。

74回头一看，大厅那头下降的电梯显示屏上显示着“二十八楼”，还有2分钟。

他把霰弹双枪插到腰带上，化成黑烟冲向那些卫兵。他先扑向一个端着枪的人，挥拳砸向那人头上的太阳穴。那人在地上打了个滚，躲开了这一拳，从腰间抽出一把激光剑，朝74砍去。就在这时，74已经干掉了另外两个卫兵。剩下的那个举起了带有刺刀的枪，74故意冲到他跟前，以防止他按动扳机，拉响警报。74绕道那人背后，用胳膊肘撞向他的腰部。第一个拿着激光剑的人看到眼前一黑，以为是74，挥剑砍去。剑刃和刺刀同时插进了对方的身体，两个人一起倒了下去。

74清理完现场（也就是把尸体拖到黑暗的墙角处）后，朝赛恩斯做了一个手势。赛恩斯此时已经举起步枪，打开了红外线狙击镜，瞄准了电梯的出口。

3……2……1……

电梯的门开了。从里面走出两个全副武装的卫兵和一个中矮个儿男子。他穿着白色的服装，手背在后面，走进大厅。

“您来了，克雷兹长官。”74朝声音的方向看去，一个高个子男子微笑着朝他走来。这个人身上没有武器。

“又是一个碍事儿的。”控制室的黑寡妇说，“别分散目标。”

“经过几个月的研究制造，末日机甲终于现世了。”那个高个子男子说。

克雷兹走上前，查看末日机甲上的各个配件。

“很好。”他说，“植入芯片了吗？”

“已经植入完毕，长官。”

他仰起头，望着这些巨大的机器。“花费了十年的时间。”他自言自语道，“想想吧，到时候，它将会成为自宇宙形成以来最大的奇迹，没有任何敌人能战胜它。这将是科技的巅峰，宇宙将会见证这一刻。它们将给人类开创新的未来。”

“还会让宇宙面临末日。”74心想。

“……等着瞧吧，看看谁会走到最后。”克雷兹微微一笑。

“当然是你，只要你再往前走一步。”赛恩斯低声说。她已经用狙击镜瞄准了克雷兹的头部，只要克雷兹一启动末日战甲，她就会扣动扳机，结束这篇小说。

“咱们现在还有足够的时间。”他说，“只要……”

就在这时，警铃大作，中央大厅内一片红灯闪烁。远处传来一阵阵的脚步声，一队又一队的卫兵正朝这边赶来。

“红色警报，隔温层已破坏，隔温层已破坏。”一个机械的声音说。

“截住他！”

赛恩斯扣动了扳机，那枚金色的子弹就飞出了枪管。它在灯光下闪耀着，然后……

什么声音都没有，一个卫兵刚往前一冲，正好挡住了子弹，倒在地上。

“真该死。”赛恩斯咒骂了一句，跳下悬梯。

“别想走。”74冲了上去，举起爆裂机枪，“尝尝死神的怒火吧。”

克雷兹一回头，两人的目光相交在一起。“弟弟，是你吗？”

74冷笑一声。“你现在才认出我来吗？太晚了。”

他聚拢两把机枪，射出一个蓝色的球形轰炸波。只听“轰”的一声。

74被炸飞了，他跪在地上，捂着小腹。

一个末日机甲不知道什么时候运行了起来。它举起巨大的手掌，把74号的轰炸波弹了回去。

“懦夫！”74吼道。

“黑寡妇，立刻修改末日机甲程序，让它们停止进攻。”赛恩斯朝着对讲机喊道。

在控制室里，黑寡妇打开了末日机甲系统。

“无法修改，”黑寡妇说，“任何人都没有权限操控它。”

“难道它自己想进攻就进攻啊！”

“我去你们那儿，别让克雷兹跑了。”

大厅里，一片混乱。克雷兹已经由四个守卫保护着进了电梯，越来越多的守卫涌进大厅。

黑寡妇出现在电梯下。她把手掌贴在了电梯的控制屏上，锁住了电梯的门。当末日机甲射出的第一枚超核粒子炮弹时，他们三人都感到奇怪。那枚炮弹并没有射向他们，而是打在了那一大群守卫中。这个场面就好像地球上割麦子的情景，一大批一大批的守卫被击中、被击飞。难道末日机甲不认人？

第二枚炮弹射向空中的电梯，正好是克雷兹刚刚乘坐的那一部。“轰”的一声，整面墙被炸出来了一个大窟窿。

“快走！”赛恩斯喊道。

“不行。我要找到克雷兹。”

“他和你有什么关系？我们是来阻止宇宙毁灭的。”

74透过面具看着赛恩斯，说：“他是我的哥哥。”

赛恩斯看着黑寡妇说：“真是疯了，不是吗？”

他们时不时地躲过末日机甲发射的炮弹，来到了40楼的一个门口。

“你确定他在里面？我的红外视野护目镜什么都没发现。”

“我能感觉到。”74说。

他们闪现进了那个房间，干掉了两个拿枪的守卫。74用枪指着坐在那儿的克雷兹。

“杀了我吧。”克雷兹头也没回，“我能感觉到你心中的仇恨。”

“你以为你是谁？还能看透我？”

“我，”他站起来，面对74，“就是那个为科技而着魔，为了自己的梦想毁了亲人和同类的卑鄙小人。”

“你以为说这么一番忏悔的话就能抹去以前的一切？我们在被人类遗弃的地球上煎熬了十年。而你呢？来到了这个鬼地方，制造了这些鬼东西，还用它们控制了所有人类。”

“我酷爱科学，就像吸毒者离不开毒品一样。我曾试过把人类改造成超人，就像你们一样，”说着，克雷兹朝他们扬了扬下巴，“可是都没有成功。后来，我发现这不可能。我们只能借助外物，控制它们。人类在整个宇宙中就像灵光一闪，但我们要留下奇迹，我们要成为主宰者。”

“那次失败后，你为什么来到这里？”黑寡妇问。

“为什么来到这里？我承认，有一部分原因是想逃避失败。特别是毁了自己的亲人后，我想全部再来，重新开始。还有一部分原因是地球上的东西已经不再值得我去探索，满足不了我的内心。于是，我抛弃了自己的家园。”

“你后悔了？那是谁制造的那些机械怪物呢？”

“我从来都不后悔，所有发生的事情都是关于历史的奠基。至于它们，我本来想赶在所有人之前探索七次元宇宙的奥秘，但是遇到了困难。于是，我创造了它们。那时，我是多么激动。虽然我可能会毁掉自己曾经的家园，我可能会牵扯到一些无辜的性命，但和结果比起来，那都不算什么。我的科技会弄清宇宙中所有的奥秘，人类将征服全宇宙。

他叹了口气。“但是，一切都失败了。程序出了故障，什么都没了。”

“为什么我入侵不了它的系统？”站在旁边的黑寡妇问。

“那不简简单单是一个程序系统，并不是信息。我也本以为是这样，可它超出了我的预测。”

“有什么可以补救的方法吗？”

“咱们得到末日机甲的研制中心看一看。”

话音刚落，一道紫光，黑寡妇带大家来到了一个巨大的球形大厅里。

他们四处张望，周围是数以万计的电子架子，架子上放的是各种各样的程序芯片，中间是一个旋转的立方体。

“这是什么？”黑寡妇问。

“这，是幻方，是控制末日机甲的性命和思想。我把我自己的灵魂注入了这项研究，我恐怕……”

“恐怕什么？”

“我恐怕我再也控制不了它了。它已经不再是一个机器，而是会自己思考、自己做出决定的生命。它将会毁灭人类，毁灭整个宇宙。”

“你创造了它，那你不能阻止这一切吗？”

“我曾经也想过自杀，但是只要我一这么想，就能感觉到它在控制我。我想摆脱，可是无能为力。幻方可以说是在保护我，也可以说是汲取我。我会变得越来越虚弱，但是不会死。而且，只有我的亲人才能杀死我。”

赛恩斯盯着这个旋转的立方体，绕着它走了几圈，说：“如果把它炸掉，不是全都解决了吗？”

“没那么简单。”黑寡妇说，“它并不是一个实体，而且比人要强大得多。这就说得通了，我无法侵入这么强大的机器。”

克雷兹突然倒在了地上。他全身抽搐，蜷缩成一团。

“发生了什么？”74忙问。

“它越来……越强大了……我们的时间不多了……”

房间突然微微地震动了一下。

黑寡妇举起枪，对74说：“你和他待在这儿，我和赛恩斯尽量拖住末日机甲。”刚说完话，两个人就消失了。

旋转的立方体闪着红色的光，杀戮、毁灭就将弥漫整个月球，甚至整个宇宙。以人类为主的时代将会过去，机器统治人类的时代就要到来。

一枚炮弹打在了右边的墙壁上，研制中心正在坍塌。外面的人在惊慌逃窜，无望的战斗还在继续，而这个屋里却如此安静。

克雷兹好像突然想到了什么。他看着74：“快……快杀了我……我的性命就是它的性命……所以……快动手吧……”

他看到了74心中的犹豫不决，于是继续说：“你来的目的不就是为了杀我报仇吗？”

又是一声巨响，又是一阵抽搐。过了一分钟，他才继续说：“想想我是怎样冷酷……因为自己的小小愿望毁了自己的亲弟弟……”

74咬着牙，举起了枪，对准了他。

“开枪吧……一切都会结束……开枪吧……凯尔……”

泪水一下子涌进了74的眼睛。作为一杀手，杀人不眨眼，对感情应该比任何人都麻木。眼前的这个人，是多么自私、是多么……用最恶劣的词语形容他都不过分。只要扣动扳机，心中的恨化解了，人类的命挽救了，一切都会重新开始。

但是，那是自己的哥哥，曾经唯一关心过自己的人。自己早年父母双亡，跟着哥哥四处流浪。在地球上的最后3年里，自己在黑暗的监狱和冰冷的铁栅栏里度过。在人们都拒自己而远之的时候，除了他之外，还有谁关心过自己？而且，他还记得自己的真名“凯尔”。在哥哥的心目中，自己并不只是一个代号，一个杀手，而是他的弟弟。

外面的炮火震天动地，屋内的一切仿佛静止。74拿枪的手在微微发抖，这个决定一切的选择就在自己的手指之下。

这枪，是开，还是不开？

一道白光……

“哥哥，等等我！”

克雷兹停下滑板，示意别人先往前滑，回头眺望弟弟。远远地，那个瘦小的，落在最后的小男孩儿正奋力地冲上斜坡。

好像过了一刻钟，弟弟才跑到他跟前，气喘吁吁地说："哥哥，我好累啊。"

现在离公园的出口还有很远呢，如果按这个速度走的话，就不能按时到家吃午饭了。

哥哥瞧了瞧自己的滑板，又低头看了看弟弟。他蹲下身，帮弟弟抹去额头上的汗水。"你想不想坐在我的滑板上，一起滑啊？"

弟弟一听就高兴了。"好啊，我可喜欢那样滑了。"说着，两人坐到滑板上，调整好位置。

"呼叫指挥中心。"哥哥假装说，"一切都准备就绪，请求启动。"

"立即出发！"弟弟喊道。

哥哥用力一蹬地，滑板就向下坡滑去。他们用手紧抓着滑板边缘，只感觉到风吹在脸上，被他们甩在后头。这种感觉就像在天空中翱翔，在大海上冲浪。轮子越转越快，和地面摩擦时发出一阵"嗡嗡"声。

"哇哦！"弟弟挥舞着双手，"简直太酷了！"

拐过一个弯，又拐过一个弯。一棵草，一条长凳，一只蝉，一簇野蔷薇……抬起头，望着蓝蓝的天空，那缕缕微云恰似滑板的尾线。只有太阳不知疲倦，跟着滑板跃过树梢，掠过地面。又拐过一个急转弯，前面有一块岩石。弟弟还在仰头看着天空，还没注意到发生的事。如果撞到，弟弟的胳膊会先撞上去。后果轻的话是尺骨刺出来，别着手臂，严重的话就是肋骨错位，性命难保。

哥哥也注意到了，可是滑板越滑越快，根本停不下来了。这短短的五米显得远在天边，又近在眼前。绕过去？在短短五米内改变方向根本来不及。

没时间想了，岩石已经到了跟前。

“咚”的一声闷响，滑板撞在了岩石上，弟弟被推到一边，滚到了旁边的草地上，克雷兹抱着膝盖躺在地上。

“哥哥，你没事吧？”弟弟忙跑过来。

哥哥没回答。可能是因为他咬紧牙关，可能是因为弟弟已经自己知道了答案。在哥哥的膝盖上，鲜血流了下来，滴在炽热的柏油路上。但是，为了不让弟弟担心，哥哥脸上没有流露出丝毫痛苦的表情。

弟弟从口袋里掏出白色的手帕，为哥哥进行包扎。他并没有注意到，哥哥的额上已经汗珠滚滚，紧握的手已经拔断了数十根草。这整个过程静悄悄的，好像有人关掉了音响。调皮的风停止了吹拂，炎热的太阳也不再追逐。大家都注视着兄弟俩，默不作声。

哥哥摸了摸弟弟的头，扶着路边的栏杆站了起来。刚走了两步，他就一踉跄，险些摔倒。弟弟忙过去扶住哥哥，说：“哥哥，你在这里休息一下，等会儿再走吧。”

哥哥挤出一个笑容。“不用，我没事。咱们走吧。”

就这样，两个身影渐渐地走向远方。

战场。

螺旋飞弹和追随导弹像“飞禽”一样在空中穿梭，爆裂枪和榴弹发射时的轰鸣声震天动地。战场上有士兵，不过机器人、外星入侵者和守望者们占据了大部分场地。这是第一次星球大战。

一只身穿白色铠甲，背着推进式背包的猩猩跃到空中，用原子电磁炮打爆了两架隐形的星云战机，落在战壕的前面，用屏障发射器制造了一个气泡状力场，挡住了敌人的一阵扫射。

“干得不赖吧！”大猩猩笑着扶了扶眼镜，“凯尔和莱恩哈特还在前线，得有人去支援他们。”

“谢谢你，温斯顿。”克雷兹抬起头，“我和猎空这就去。”

远远地，克雷兹看到凯尔正在空中飞跃，侧身躲过一枚枚拖着尾巴的榴弹。凯尔似乎没注意到克雷兹，举起重型脉冲步枪，疯狂地朝敌方扫射，枪口的蓝色火光不停地闪耀。

“老弟，坚持住！”克雷兹大喊一声，举起生物步枪。他按了一下手上的按钮，启动驱动器，朝凯尔飞去。

他瞄准了一个全副武装的机械战士，扣下了扳机。那个人胸前闪耀的红色光芒渐渐暗淡，最后自燃了，消失在一团火焰中。

“干得漂亮，快点……”凯尔话还没说完，就被不远处的一阵狂笑声打断了。他们朝声音的方向看去，一个两米多高的人站在一个小土丘上。他皮肤黝黑，赤裸上身，头上没有一根头发，身上的肌肉块像一个个橄榄球。凯尔举起枪，朝那人一通扫射，那个人举起右臂，一挥拳，子弹被打得四处飞溅。

“这就是传说中的守望者？你们还太嫩了。尝尝我的‘毁天灭地拳’！”

那人跳到空中，卷起一阵旋风，用蓝光画了一个圈，把凯尔、克雷兹和其他战友锁定在圈内。他举起用机械铸造的末日铁拳，朝他们砸来。

“凯尔！”

“哥哥！”

只听“嘭”的一声，大地被震裂了，尘土飞扬，一切都结束了。

当克雷兹再次醒来时，枪炮声已经消失了，只有心电图有频率的“嘟嘟”声。他睁开眼睛，发现自己正在医院里，躺在一张病床上，手上插了针头，一根管子正在给他输液。

他想坐起身，却感到十分疼痛。“可能是肋骨断裂了。”他心想。

克雷兹望着天花板，回忆着战斗的场面。他只记得一道蓝光，一声闷响，然后自己就坠入了黑暗。他想起自己那时在喊着一个人的名字，但那个人是谁呢？他有没有挺过来？

自己昏厥了多久？不知道。他们最终胜利了吗？看来是这样。否则就不可能看见这一切了。

他侧过头，看见离自己不远的地方有一张病床，床上有一个人，脸上戴着吸氧面罩，旁边围了一堆人。那些人身穿白色大褂，轻声地交头接耳，脸上都带着一丝恐慌。

“可怜的人。”克雷兹心想，闭上眼睛。他比我惨得多了，可能也是战争中的受难者吧。

隐约地，他听到那些人在说“凯尔”。凯尔是谁？这个名字怎么那么熟？“凯尔”……

克雷兹睁开眼睛，再次仔细端详那张罩在面罩里的脸。棕头发，双眼皮，虽然额头上多了道疤，但是依然那么熟悉。

是他。

克雷兹感觉病床仿佛一下子陷下去了一米，眼前一黑，头脑一昏。为什么是这样？为什么在那么多人中偏偏是自己的弟弟？

千真万确，不需要再确认了。和弟弟相处了这么多年，不会因为多了一道伤疤就认不出来了。

他想念亲人，就像渴望吸进世界上最后一口氧气一样。金钱，名利……没有一样能比得上爱，能比得上亲人。他想起了等待自己回家的妻子，以及刚刚五岁的女儿。不能再失去任何人了，绝对不能。

克雷兹再次扭过头，看见床边的桌子上有一支笔和几张纸。他费力地歪过身，拿起笔，在纸上写道：

亲爱的艾莉尔：

每个父亲都希望自己的女儿能过上最好的日子。为此，我不惜付出一切。我对你说：世界上最重要的事情，就是保护你所珍爱的人。你在英雄们的陪伴下长大，并沉浸在他们所说的冒险和光辉事迹之中。而最终，你也想加入他们。但这并不是我所希望的。

我从未告诉过你，为了保护队友，而不得不担下扣下扳机的重担。但这是我的任务，我的职责。直到有一天，我失败了。一刹那的犹豫改变了一切。

我想要保护的人死了，而我自己则孤独一人，身负重伤。

所有人都相信我已经死了，我想，那才是最好的结局。我几乎失去了一生中珍爱的一切。与战友告别，亲手安葬那些最亲密的人。

尽管如此，我知道这个世界上仍然有人需要我的保护。所以，我必须战斗，继续战斗，为了那些期待着我的人。

希望有一天，你能明白。

你的爸爸 克雷兹

一切都变了。

克雷兹已经离开了军队。他决定当一名科学家，为了实现自己的梦想，为了报复人类。

他反感，他痛恨。他捶胸顿足，他破口大骂。为什么在战争中，离去的不是那些统治者、领导者，而是那些无辜的士兵？为什么人类是如此残忍？为什么他们用创造出来的机器怪物来杀害自己的同胞？为什么死的人偏偏是自己的亲弟弟？

为什么他能被别人利用，被别人当炮灰？为什么在看到死亡降临时，他手足无措？

看来，只有一个原因。他不够强大。

他开始钻研，开始探求宇宙奥秘。他组成了一支队伍，起名叫“黑爪”，招募科学家，医学家还有战士。他发誓，自己的成就将会给那些欠债的人带来末日，给无助的人带来希望。没有什么能阻止他。爆炸？搜查？追捕？他就像一颗星星之火，逐渐蔓延，燃烧，吞噬，最终可以燎原。

医学的成效是最早的。他们把纳米技术、激光技术和粒子重组技术融合在一起，让他的弟弟死而复生。他们改造了他，让他变得坚不可摧，成为人们的噩梦和恐惧。运用军事研究，他们为74量身制作了武器。红色的战术目镜可以让敌人无处可逃，生物立场可以让他的伤口立刻痊愈。

渐渐地，他们研制出了可以附在任何物体表面上的剧毒诡雷，穿透敌人还不会受伤害的幽灵形态，凭空竖立的冰墙防守和能让队友短暂无敌的纳米激素。

可克雷兹并没有满足。他对人类的极限渐渐感到失望，决定把研究对象转向机械，转向宇宙。

他想让机器人获得生命和思维，这样就能凭空创造出一支强大的军队，一只可以毁灭整个宇宙的强大军队。到那时，没有任何东西可以限制他，可以管束他。那，将是末日。

但是，没有人知道那是谁的末日。

这枪是开，还是不开？

“来不及了。”克雷兹说，“不要因为以前的那些回忆就连累那么多人。”

又是一声轰然巨响，墙壁坍塌了，他们向下坠去。

这一切是那么缓慢。哥哥仰望着弟弟，弟弟注视着哥哥，下落的速度好像慢镜头，除了他们，一切的一切似乎都不存在。

克雷兹伸出了手，握住了弟弟的手，紧接着按了下去。

枪无声地响了。

叶开老师评：

时践的《幻方》引入了一个宏大的星际题材，以三个英雄“挽救世界”为主线，是很典型的结构。作品中，黑寡妇、赛恩斯、74三人搭乘宇宙飞船杀入月球，打算摧毁克雷兹制造的恐怖武器“末日机甲”，攻入到最后，找到了主持设计的克雷兹，他是74的哥哥，是三大杀手的制造者，也是“末日幻方”的研制者，在那个关键的时刻，74必须杀死克雷兹才能阻止末日机甲。但是，他到底是杀还是不杀？

杀，是道德上的巨大的痛苦，不杀，整个宇宙遭到毁灭。

这就把救世和亲情，把世界和伦理纠缠到一起了。这篇科幻小说是一个超能人挽救世界的经典模式，写得很精彩，进攻场景也极其宏大。之前克雷兹和74的关系改成了现在先交代一下，变得很合理了，这样，三人进攻月球有了一个合理的目标。我之前建议，可以考虑写出克雷兹曾经遭到过什么样的"不公"对待，才想毁灭世界的。他后来成立了一个机构，大规模移民到月球，并通过高能生化武器毁灭了地球，造成了地球荒漠化，然后囚禁了所有人类为他做"末日机甲"服务，做奴隶。克雷兹要征服宇宙。要让他们的进攻合理化，需要做一些铺垫。很多情况下，故事的铺垫很重要。

3 月表之下

黄铭楷　六年级

一

“这次我们前去，很可能会遇到很凶险的东西，明白吗？”熙望着我，严肃地说。

“反正地球也要没了，我们也没什么地方去了，要自杀到这里最好，至少能看到地球的全貌。”我百无聊赖地回答。

灾难是从四个月前开始的。

那天，全球大多数望远镜，都观察到了月球表面升腾起了一层巨大的浓烟。起初，人们对此漠不关心，这个话题成为无聊人士的谈资。专家认为，这是一座沉寂数万年的火山，今天终于爆发，会造成巨大破坏。

然而，这只是一厢情愿。

二十八天过后，一道巨大的光柱从爆炸产生的洞中飞速上升，它加速时的火焰就连肉眼也看得清清楚楚。可以证明，这是一艘外星飞船，在月球埋下数万年后依然完好如初。

它飞往了地日间的拉格朗日点，然后没有丝毫动静，似乎是要长期驻留。

这在人类世界引起了巨大的恐慌。人们不断向飞船发送示好与疑问交织的信号，但没有得到丝毫回应。

三天后，飞船向地球发射了一枚导弹样的物体，它坠落在太平洋的茫茫波涛之中。

然后，全人类开始患上疾病。

每个人的症状都一样，先是开始咳嗽，然后发烧，紧接着开始炎症，皮肤溃烂。

在这一阶段持续七天左右后，患者就会染上某种绝症或疾病，大多是心脏病或癌症，不过也有白血病和器官衰竭。然后，这个人就会死。这种病的传染能力也极强，甚至可以通过呼吸来传播。

除了远在太空的那些宇航员和月球上的月球基地，人类社会接近崩溃。就在各大国的领导机构即将倒台时，飞船发来了第一条信息：立刻将它提供的名单上的几百人送到月球基地的一个指定位置。

人类对此惊讶万分。他们纷纷质疑：为什么我们要听你们的?

答案更简单：为了你们人类文明的生死存亡。

于是这几百人（包括我），坐上了去月球的单程飞船。

我们不知道前路是什么，但我们知道，这是地球唯一的机会。

胡思乱想之际，巨大的飞船轰然降落在了月球基地上。

“我们到了。”熙说。

我们沿着长长的旋梯走下飞船，来到月球基地空港。此时此刻，空无一人的基地显得十分寂静，基地里的所有人员都在外星飞船的命令下离开了。望着四周透明的隔离墙，我们很快发现大厅的一条通道上有一条醒目的标识，上面用清晰的汉语、英语、德语、法语、俄语等语种写着：走这里。

“看来他们还是对我们很了解的嘛，连指示牌都给我们准备好了。”熙挑挑眉。

“别管那么多。”我不耐烦地回应。

我们这几百人就这么紧张地步入了那条通道，等待我们的，是未知。

二

随着通道的蜿蜒，我们逐渐往地下深入。之前，我还从未想到过基地的下方竟有这么深的房间。

通道尽头是一个地下居住区，可是，里面已经有人了。

或者说，是“人”。

外星来客穿着一身银色装束，身上背满了不知何用的装备，看上去十分符合科幻电影中的外星人形象。只不过，他看上去与人类一模一样，只是稍矮一些，稍强壮一些。

我们目瞪口呆。

熙惊叹地吹了声口哨：“没想到，外星人居然长得和我们一模一样！跟超人里的氪星人一样。”

那个人缓缓转过身，用纯正的英语难以置信地质问：“过了这么多年，你们智人依旧如此骄傲自大？你们是不是以为地球只允许你们一个物种肆意挥霍？！我们不是什么外星人，我们只是一个早已被你们遗忘的物种——尼安德特人。”

“什么？”巨大的震惊将我们淹没。

“在你们的眼中，尼安德特人就是一群头脑简单、四肢发达的野蛮人，是吗？”他愤怒地嘶吼，“你们就有没有想过，我们的脑容量整整比你们大了许多，且我们整整比你们早进化五十万年吗？你们的傲慢与自大让你们丧失了警惕，使你们今天落得了个几乎灭绝的下场。”

他抬起头，道：“现在，我要你们听听我们这个种族的故事。”

“三百万年前，我们的祖先在欧洲大陆开始繁衍，并渐渐形成了自己的文明、语言和文化。与你们不同，我们的发展史比你们长

得多，智人的文明史只有大约十万年，直到一万年前你们才开始有自己的城市、国家。我们则不然，我们花了整整二百五十万年才有文明，那时，你们已经开始发展了。”

“你们的科学家至少说对了一点，那就是我们尼安德特人大脑上有缺点。”他叹了口气，“我们的大脑很难创造出脑海中的某个虚构事物，只能对已有的事物进行思考。这导致我们缺失了很多东西：宗教、团队合作能力、完整的制度、艺术、幻想。也许对你们来说这些东西用处不大，但缺失它们让我们很难发展自己的文明，虽然，那时我们已经进入了比你们还高的技术时代，但那些技术突破多半是在机遇和运气下实现的。”

“后来，我们发现了你们。”尼安德特人说出这话时的语气充满了激动。

“我们发现，你们智人虽然野蛮粗鲁，但你们也有着不同寻常的勇敢、毅力和价值观。我们很快发现了你们的创造能力和幻想能力，并想要为自己所用。所以，大约是三千年前，我们进入了智人社会，并培植了一股势力，它的名字是罗马。”

“什么？”我惊呼出声。

他点了点头。“罗马是有史以来最成功的文明，你们有没有想过，这个最初的边陲小国，是如何纵横两千年不败的？还有，罗马又是怎样拥有一个似乎超出与时代水平相匹配的社会的？这一切都有我们的扶植。在罗马人眼中，先进的我们成了神，他们甚至叫我们奥林匹斯诸神。我们训练了诸多智人科学家以及政治家，他们教会了我们很多。我们的科技和文明一日千里。那时候，人类与尼安德特人的未来似乎无比光明。”

“然后，你们的基督教来了。”他的声音充满冷酷。

“智人逐渐开始怀疑我们从何而来，以及我们到底是谁。我们被视作魔鬼，被视作地狱里的怪物。我们的人民被四处屠杀，我们虽然有科技，但没有人组成军队抗击别人，因为人人都只想到自己。我们的首领迫不得已，启用了我们自来到人类社会就定好的紧急方案：逃往月球。”

“残存的一百万人只留下了不到一万，剩下的登上了千年前就造好的飞船，飞向早已造好的太空城市。之后，我们的科技不断衰退，先进的城市被废弃。当时，我们预感到了这种趋势，就在地下建造了低技术人类也能操控的世界。现在的尼安德特人，除了武器，真的是什么也不会了。”他沉重地摇摇头，“你们以为我们做出毁灭你们的决定很简单吗？我们也是迫不得已。现在，跟我来吧。”

四

跟随他跨过无数条密密麻麻的通道，我们来到了一个庞大的地下世界。虽然处于巨大的震惊与悲伤中，但这一切仍不禁让我们叹为观止。

“谁能想到，月表之下居然能够有一个如此精密复杂的系统。”我感叹。

“这是我们花了两千年的杰作，不过，它也将于不久后老化失效，”尼安德特人头也不回地说，“正是如此，我们才会选择侵略你们。”

我们来到了一个类似总控制室的地方。尼安德特人指着中央一个屏幕上巨大的实时表格，上面显示的显然是地球人口的幸存状况，每个人都发现，幸存人数在不断下降。“世界总人口已经降至十亿，其中的七亿已经被感染，剩下的三亿也快了。”尼安德特人说，“亚洲大陆由于人口多，卫生条件不佳，加上应对不力，传染最快，只剩下不到一千万人，目前只有大洋洲的大部分地区、西欧部分国家和北美的部分地区由于封锁及时，未受感染。不过，我们马上会在那些地方各补一颗病毒导弹，人类文明将在一年内毁灭，而我们的占领计划是以百年为标准的。”

“你们怎么能这样对人类？”熙愤怒地质问。

“不妨换个角度想想，如果你们提前发现了我们，你们难道不会发射核弹毁灭我们吗？”他冷冷地说。

熙哑口无言。

他的语气柔和了许多，“你们一定不知道今天为什么让你们来，我们是想告诉你们，你们也拥有我们的基因。”

大家难以置信地互相对望。

“你们肯定发现，你们这些人要么较矮，要么较为强壮，这些都是基因的体现。当初那些留守之人中，有些隐藏在智人中，与智人组成了家庭，并诞生了后代。你们便是那千万后代中少量至今仍带有显性基因的人。我们的本意是让你们作为间谍，监视人类的活动，但这项工作早已在几个世纪前被遗忘了。我们的法律规定，监视者及其后代属于我们的一员，虽然你们早已遗忘了职责，但你们可以加入我们的社会，让智人的血脉传承下去。”尼安德特人说。

我们相视而望。

大多数人在沉默许久后点了点头。但我、熙，还有十几个人轻轻摇了摇头。

“为什么？”尼安德特人问。

“我们不想苟且偷生，而且，请你们想清楚，没有了我们的创造力，我们灭亡后，你们怎么在地球上展开新生活？请给我们一个机会，别在释放病毒了，就当给我们一个生存的机会，行吗？”我挺起胸膛，仿佛在聆听人类的末日判决。

他沉默许久。

最终，他点了点头。

“病毒会持续一百多年，就看看人类在其中如何生存吧。至少我们同属一种动物，虽然种类不同，但总归不忍心彻底毁灭你们。如果你们活下来了，五百年后，我们可以分配给你们一个大洲作为隔离区，让人类继续发展。至于你们，想加入我们，或返回地球，都可以。”

说完，两拨小小的人群分开了，一群返回地球，一群留下。毫无疑问，我和熙选择了返回地球。

离别时，尼安德特人送给了我们最后的祝福：“同是大地上的动物，虽然有些许差异，但我们也看到了你们的顽强，你们的坚韧，祝你们好运。我会冬眠，希望五百年后看到人类依旧存在。”虽然这样的分别祝福有些怪异，但他的眼睛闪闪发光。

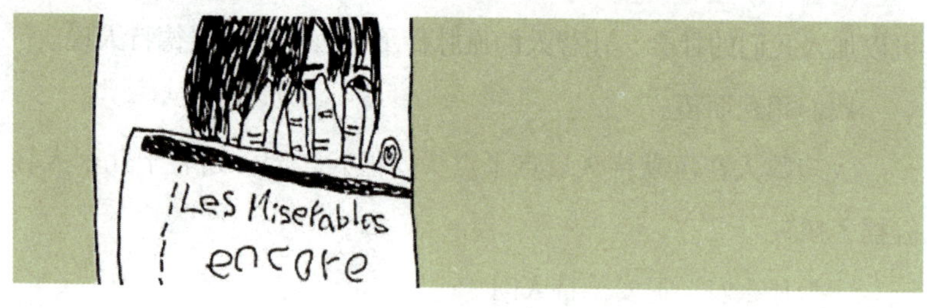

五

三年后。

澳大利亚堪培拉病毒隔离区。

穿梭在熙熙攘攘的人群中，我的心中充满了悲痛。熙四天前死了。在一次救援任务中，他不幸摔碎了呼吸面具，暴露在了病毒中。没几天，他就死了。临死前他告诉我，他不后悔当初选择回来，因为人就是宁可要在奋斗中死去，也不苟活于他人的屋檐之下。

不过，我们多年的努力还是卓有成效的。大洋洲成了人类最后的居住地，几座大城市悉尼、堪培拉、墨尔本以及新西兰首都惠灵顿经过彻底消毒，已经可以不带呼吸面具居住。残存下的两千万人类分布在这些城市中，暂时幸存。虽然人数不多，但我们还有两个国家和两千万人口，足够开始新的生活了。

一切总算开始了。仰望蓝天，我不禁感叹。

叶开老师评：

大赞黄铭楷对已经灭绝的"尼安德特人"的崭新运用，我好像是第一次读到有人这么运用这个素材的。包括想象力最大胆的刘慈欣老师，也只是想象了恐龙离开地球之后，拥有了高级文明，在几千万年之后重返太阳系，进攻地球，并消灭了地球。但是，他构思的"吞食帝国"，还是空了一点，你这个"尼安德特人的月球"世界，却写得更为合理。他们在各方面，都曾远超智人，从身体条件到脑容量，可是因为缺乏团队合作能力（以及虚构能力），最终败于智人。那个"罗马帝国"是尼安德特人秘密扶持的构想，超级有意思。然而，进化了五十万年的尼安德特人，他们还是在月球中心，拥有了一个绝密的，但同时是足以毁灭地球的可怕科技"病毒导弹"，这种超致命的病毒导弹，让地球人类急剧传染，病发死亡，而面临了整个人类灭亡的可怕景象。只有几百个带有尼安德特人基因的人，被挑选来到了月球，其中就包括"我"和"熙"，但是他们不是"苟且偷生"，而是为即将面临灭亡的人类，挣得了时间和尊严，最终返回地球，帮助幸存的人类在大洋洲建立了一个很小的生存空间。而他们中的"熙"，却因为在一次救援任务中不幸摔碎了防毒面具而感染了知名的病毒，不幸身亡。但不管怎么说，虽然仅仅是获得了一点点的生存空间，但是他们还是为人类争取了时间。

这部作品我很喜欢，我建议你对尼安德特人迁移到月球之后如何发展科技并卧薪尝胆准备反攻地球的部分，做一点补充；另外，几百个人具有尼安德特人血统，这个不是很"科学"，如果你要很"科学"，就要写一下为什么。比如，他们是尼安德特人的"间谍"在地球上的后代。你这样改之后，就合理多了。

4 X号基地

徐鸣泽　四年级

第一章　起航

3303年8月4日

美国　佛罗里达州 卡纳维拉尔角 上午 9时49分59秒

我找了一个舒服的座位坐下来，环顾了一下周围。这个房间很大，一排只有两个座位，都是又宽又大的皮座椅。我拿出了一本关于月球的书读了起来。

“哈哈，一上船就看书啊？不期待吗？”坐在旁边的爸爸说。

“爸爸，我们不是要去月球吗？做一下预习才不会太陌生啊！”

“啊，好好好！不打扰你啦啊！”

突然……

“各位旅客请注意！1101001次航班即将起飞！请系好安全带！各位旅客请注意！1101001次航班即将起飞！各位旅客请注意！请系好安全带……”

我紧张地放下书，等待着……

其实，我爸爸是一个科学家，这次来，是接到一个任务，去探索月球外壳的里面。因此，在这火箭后尾，装着一个巨大的钻凿机。（所以也顺便带我来。）

“各位乘客请注意！1101001次航班即将在十秒钟内起飞！10！9！8！7！6……”我屏住呼吸等待着，“5！4！3！2！1！起飞！”

一阵烟雾和灰尘飞起，火柱烧得大地焦干。整个火箭一阵晃动颠簸，最后冲破了大气层，离地球越来越远……

第二章　登陆

在这个“房间”里，乘客几乎只有我们两个,只有一个头发白花花的老头，他坐在我们后排。

又是一个突然……

“各位宾客请回头一看，那边是哈勃望远镜所在位置！”我回头一看，果真有一个小小的黑点在离地球不远的地方“游荡”。然后乘务员就变成了“讲解员”，“哈勃望远镜的伟大的创造……”

我又无聊地拿起了书，看了下去。啊！书上有一段写道：

“月球比人类预测的要轻多了，所以有科学家认为，月球可能是空的……”

“啊哟！爸爸！乖乖不得了了！有科学家认为，月球是空的！”

“唔，那都是编出来的！安娜，要是真的话，可能性也是亿万分之一。”

我失望了，回过头，继续看书。

过了半个小时，广播又响了……

“各位旅客请注意！马上我们将进入拉格朗日点！请系好安全带！各位旅客请注意！马上我们将进入拉格朗日点……”

我从座位底下拉出两个脚踩的轮廓框子，上面全是小小的钩子，脚踩上去，可以勾住。还有两个奇形怪状的安全带，一个位于腰之间，一个位于大腿之间。还没等我扣好，忽然之间，所有的重力全都消失了！我暗骂该死，紧紧抓住一个安全带，一点一点地往前移。但安全带始终在拉长，我想总归有它的限度，可是它好像怎么也拉不完。幸好爸爸看见了，一拉，“咔嗒咔嗒”两声，我就已经被固定在座位上了。

“哇哈！爸爸，你身手真快哟！”

大约过了半个小时，引力又回来了，我解开安全带，看起了书。

突然，一个黑影闪过，我忙抬头，望向窗外，看见一个飞船！正在开过！

“爸爸！看啊！一艘宇宙飞船！啊，看啊！它是多么的漂亮！”

那白色的表面嵌着金色的线条，蓝色的线条盘绕着向外伸展。就像一道道波纹。奇怪的是，鸟类却不“喜欢”它，成群地围绕着，开始啄食它的表面！慢慢地，它不再像原来那么漂亮！鸟儿们啄的每一口，它都在显现它的黑暗，腐败。渐渐地延伸，最后，它的通体都被黑暗所代替！

我惊呼一声！它的木头开始腐烂，钢铁开始生锈！即使宇宙那么光亮，也不能掩盖。蝙蝠、毒蛇、老鼠、蜈蚣甚至幽灵，开始靠近它，栖息在上面！

爸爸到现在才反应过来说：“哈哈，它长什么样啊？”

“爸爸，我没和你开玩笑！”我生气地说。

“但是不可能有宇宙飞船的！要有可能性也是亿万分之一！”

呃！（倒！）除了亿万分之一还是亿万分之一！难道爸爸只会说亿万分之一吗？！但渐渐地，我也怀疑，宇宙中怎么可能有鸟、蝙蝠、毒蛇、老鼠、蜈蚣、幽灵那些东西呢。

我回头再看窗外，宇宙飞船不见了！留下的，只是一片荒芜的黑暗……

唔，这可能只是一个幻影罢了，可能我看书看得太累了吧！但是那一切，都是那么真切，真实！可现在我感觉好累好累，一躺下，就睡着了……

等我醒来时，爸爸跟我说还有半个小时才能到。（但在这时已经很快了，到月球只要5小时！）

我把书夹起来，放到小皮包里，等待着陆。

窗外一片漆黑，唯独星宿在一闪一闪……

“各位乘客请注意！1101001次火箭即将着陆至x号基地！”（这里有26个基地，分别是：A号基地，B号基地，C号基地……）

“吱吱”两声，雾气四窜。

“各位旅客请注意！请带好随身物品！准备下飞船！”

“终于到月球啦！”我兴奋地说。

踩在月球上滑滑的，很不容易走，表面坑坑洼洼，散发出微银色的光。（当然是太阳反射的。）乳白色的表面很像下了雪，摸起来冰冰凉凉，就连闻起来都像冰一样！

爸爸都忙着迎接“朋友”了，也没管我在那里做“小偷”。

我趁所有人都不注意拿出一个小玻璃瓶，挖下一小块，放进了口袋里，其实，我发现挖下这个并不难，就像挖果冻一样。很像老酸奶哎！

“你好。”身后一个声音说道。

我一惊，手上的玻璃瓶一抖，差点掉到地上。

回头，见一个老太婆站在那里看着我！

“你，你好。”

“祝贺你以后会救出一个种族！拜拜了！以后见……”

“什么……”

“安娜，你在干什么呢？自言自语？”

我一惊，又回过头，原来是爸爸。

“你没看见吗？一个老太婆，拄着一个拐杖。”

“哈哈，你在乱说什么啊？安娜，这里根本就没有老太婆！”

“没有老太婆？不可能，可是刚才明明看见了啊！”

“那就是你过度疲劳出现幻影了，我们还是去休息一会吧！”

他说着，就拉着我去一个公园附近的长凳上坐着。（不得不说是百般无聊。）

过了一小会儿，咱们到了一个看地球的观景台。（爸爸还说每天早上还可以在这里看“地球升起”。）

哇！在那上面看地球简直是一流的！透过大气层看到一个花花绿绿的地球！甚至可以看到一个非常非常小的黑点！估计是迪拜的哈利法塔吧！

那里有一个巨大的望远镜专门让人们更好地观测地球。

这个晚上，我和爸爸住进了一家有名的宾馆（至少在月球上“很有名气”），叫：雷琳斯宾馆。

爸爸开了一个双人间，大得出奇！是一个足球场的三分之一！

爸爸发现，原来他180斤，结果到月球上来就变成30斤了！爸爸乐死了！（幸好他挺高的，1.8米）他高兴地对我说，以后干脆就住在月球上好了。而我坚决不同意！难道一直住宾馆？！妈妈怎么办？！一直待在地球上到老？爸爸说她可以乘火箭来啊！可我还是不同意。

第三章 月球背面另一个我

这一天晚上，我们很快就睡觉了，但我一直都睡不着，翻来覆去。我强迫自己闭上眼睛，倒数100，可是我倒数了一个世纪还是睡不着。突然，窗外的钟声响起了：“当！当！当！当！当！当！当！当！当！当！当！当！”这时正是午夜十二点。我的脑子里有个什么东西一闪，一秒之后，我就睡着了……（还不如说像是昏迷。）

刹那间，我惊醒了！

发现坐在一片半透明的地上！

四周一片白茫茫，除了坑洞，完全没有东西。

“这是哪里？”我茫然地自言自语道，“喂！有人吗？”

可是没有人音，唯独回声荡漾……

我看了看四周，这地方真是坑坑洼洼，比月球正面的要多多了。

但我不知道，这正是月球，而且是月球的背面……

忽然，远处传来一阵音乐声！我跟着哼了起来：

一闪一闪亮晶晶，

挂在天上眨眼睛……（自编，哈哈！）

不可能！！！这是莫扎特的《小星星》！！！

我拿出了一个玻璃瓶，用敲子敲下一小块，放了进去。（本人习惯留下XXX到此一游的痕迹。也算是做“留念”吧！）

咦？下面又出现了一层黄色的物质！

我兴奋地又敲下一点，放了进去。

哟！下面又出现了一层蓝色的物质！（好吧。）

我又敲下一点，放进玻璃瓶里。

啥？！在那之下，又出现了一层橙色的物质！（逗我呢！）

我又敲了一点，放进去。

就这样：敲，装，敲，装，敲，装，敲……

最后一层是紫色的，我想当然地拿起敲子准备继续。结果下面是一个黑色的空洞！里面却冒着诡异的绿光。

“什么？！月球是空空空空的？！”我大惊失色，（幸好没叫出声来！）书上的话应验了……里面传来了一个声音道：“大人，地球已经被完全控制！很快就会成为我们的王国！”

“太好了，克里斯，这事儿成功了，我另有加赏！”

（场景变换。算是场景变换吧。）

“没错，而且，还是一个控制中心。”一个声音从我背后响起！

“谁啊？！谁？谁啊！！！”我一惊，害怕地大喊道。

在那阴影里，走出了另一个我……（顺便加上一句：一模一样的我。）

“这就是地球人为什么发现不了我，科技太差！太差！实在太差！其实他们用高超的‘蓝外线’就能发现我的存在！我只是隐形了而已！尤其是你爸爸，科学家？！配得上吗？让我告诉你，配不上！你们的祖先：高智慧人类到过月球上来，他们比你们聪敏多了，只是后来灭绝了。但他们破坏了月球的模样，踩了23个脚印，还把月球的表面切成一个深坑！每一条边（直下）还切成整整25米！哼哼！复仇的机会终于来了！我，要消灭人类！一定要！”

“你再说一遍关于我爸爸的！再说一遍！”我暴怒。

“你爸爸根本配不上科学家这一个称呼！”

我实在耐不住了，上去就踢一脚，她躲了开，冷冷地道：“你确定要跟我作对吗？”

“一定要！”

“好啊，来吧，高贵的文雅的美丽的伟大的科学家的女儿向大名鼎鼎的月亮王者挑战！哼哼！5，4，3，2，1，开始！”

她凭空用月球的碎石变出一把剑，逼了上来，我向她脑袋打了一拳，她冷笑道：“打脑袋？！成吗？”

她剑一挥，把我的手上划了一道口子！我暗暗着急，腿一踢，她又笑道：“‘技术'重演？！”她用剑一挥，差点儿把我的脚给砍下来！幸好及时缩回！我绊到了一个东西！摔倒在地上，她慢慢逼近，冷笑着，“就让我送你上西天吧！拜，拜！”眼看着举刀就要刺入我的心脏！

我想起来关于月球正面上的土壤，上面说，那种土壤有利于植物快速地生长,一秒钟就能长1米！但是在月球背面就可能就会发生变化。（我随身带了几颗，原来是4年级老师布置的作业说要观察它生长的。）我心想："老天爷保佑！老天保佑！"（哈哈！）在刀插下来的一刻，投下了种子……

那种子长得极快！一秒钟就长了10米！翠绿的叶子，和藤蔓，摇摆着蔓延。月球微弱的荧光反射到翠叶上……

突然，两瓣叶子刹那间张开，向她喷射出豆浆！（啥？！豆浆？！开玩笑啊？！）同时从根下面冒出了一种深绿色的气体！而且奇臭无比！（她是一个一模一样的我，我过敏于高蛋白，她也是，肯定的）她大惊道："你！你！逃啊！"她转身就跑！我站了起来，看着她。她跑着，但藤蔓始终追着她！也开始蔓延至整个月球。藤蔓们每一秒都在逼近！最后还是缠住了她……

藤蔓开始加倍蔓延，开始缠住了她的整个身体！迫使她跪在了地上！我问她，服不服？她的眼睛里放出了仇恨的火光！她狠狠地道："绝对不服！"这时候红点开始长遍她全身，她拼命忍着极痒的感受，挣扎着。藤蔓忽然分泌出了一种红色的液体，红色的液体慢慢地盖住了整个身体，她开始被腐蚀！我实在有些不忍，喊道："我原谅你了！只要你肯屈服，而且对人类友好一些！"

"嘿嘿，你不必再费口舌了，我，是不会屈服的！而且永远视人类为敌！我，来生，一定，会，报，仇的！"她艰难地说完，就已经在天堂登记了……

我望着那一副空空的骨架，怔怔地站在那里……眼泪顺着脸颊流下……已接近清晨，太阳的光芒照在我的脸上，我却觉得那么阴暗，我为什么会哭？我不应该哭！她想灭掉地球人！你消灭了她，你应该感到高兴才对！你爸爸会为你感到骄傲的！但它们就自己流下来了！我原本不想让她死，结果……真的不知为什么……

（场景转换）

突然，我惊醒了，头发和额头全都是汗珠，我还躺在床上，爸爸的鼻鼾声一阵一阵地传来……（还在睡觉！不知道我干了多伟大的一项伟业吗？！起来！好歹也要庆祝一下！）可是他还在睡，睡得就像他死了一样。（不对，这样说不吉利。应该说，他睡得跟死猪一样！呃，不好意思哦……死猪，呃……）

窗外，仍旧一片漆黑，不见五指。

第四章　结尾

一百年之后，阿波罗101号来到月球上，发现了一具骷髅。

新闻立即报道了出来：

“震惊！在月球背面发现一具骷髅！专家分析是一个女性。是34世纪的骷髅！为什么它会在那里？她是外星人吗？她是怎么上去的？她为什么死？瘟疫？意外事故？请收看东方明珠电视台的节目：《月球的秘密》！东方明珠电视台将会为您揭开月球神秘的面纱……”

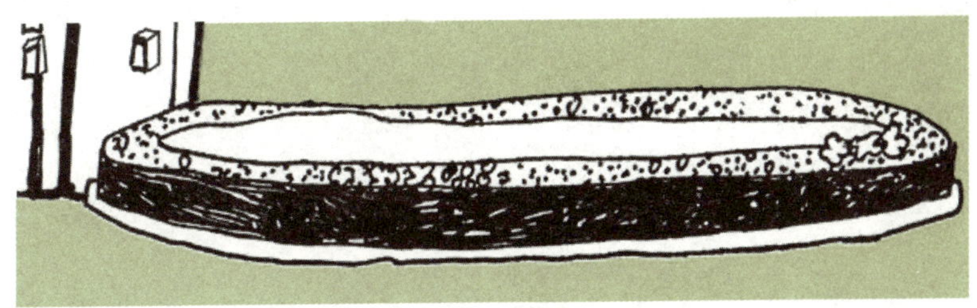

叶开老师评：

徐鸣泽简直是越来越脑洞大开了。《X号基地》这部作品，选用的是一个和爸爸一起去月球旅行的普通线索。然而，在一趟看起来很平凡的地月旅行中，你写得渐渐惊心动魄起来。其中看到一艘宇宙飞船被鸟啄食，最后变成破船烂铁最后消失，这个细节写得非常惊人。是啊，太空中哪里来的鸟？不仅爸爸不信，我也不信啊。但是，"我"信了，因为，这是"我"看到的怪异现象。你在写宇宙飞船旅行时，描写了哈勃望远镜等景象，又写到了拉格朗日点这么专业的术语，可见你的"硬科幻"含量越来越高了。这个是非常棒的进步，已经有一点点烧脑的意思了。而和邪恶的月亮女王作战方法，则写得超级有趣，因为，用的是一颗超快速生长的豆子和它的藤来战胜同样害怕高蛋白（过敏）的女王。这个女王，是"我"的另一个化身，很有意思，难道是邪恶的另一面？是分成两半的你？这个描写，暗含着很丰富的趣味。一个战胜了自我，并且把这个邪恶的自我留在了月球上的"新人"，就这样成为一个特殊的人。只是，没想到，仿佛是在梦中的一件事情，却在一百年后，被阿波罗101号发现了。结尾这个突然翻转啊，很厉害。

5 那一天，静待花开

莞若清风（龚莞清） 五年级

引子 米兰

我叫米兰，年龄保密，是地球植物学博士，和宇航局副局长处得挺好。宇航局副局长你们应该都认识，就是跑到银河系抱回来一只会说话的仓鼠的那位。

她那次从银河系回来后就答应也让我上一次太空。当时她问我想去哪里，我脑子一下就蹦出了个嫦娥的画面，随口就说，去月亮上吧。

她一听不仅满口答应还开心地嘟哝着什么种花种草的事情，呵，真奇怪，难道有什么暗藏玄机。

第一章　瓦特？到月亮上去……种花？

“我就问你行不行。”

“我就问你是不是开玩笑？”

“米兰！跟你谈正事！”

“什么正事？说好的太空旅行呢？愉快又难得的太空假日你还让我在天上种花？还要调配优良品种！Are you crazy？”

“米兰！”

你们瞧瞧这家伙，让人到月亮上玩一玩都还要在月亮上种花。最后，宇航局副局长还是赢得了这场“战役”：

“反正你去不去，种不种花我都无所谓，我上太空的机会多着呢，你就不一样了，劝你好好想一想。”她甩了甩头发，似笑非笑地看着我说。威胁，这是赤裸裸的威胁！

“好好好，我服我服，我去种花，行了吧，开心了吧。”

宇航局副局长对我嫣然一笑，又甩甩头发，迈着猫步走出了我的房间。我望着她的背影深深地叹了一口气，幻想下：我要是宇航局正局长会是什么样的情形呢……

第二天一早，我就来到了我的植物种子实验室，月球上能种啥？有了！传说中，月亮上有一棵大桂花树，要不，我种个快速生长桂树种子吧！所谓快速生长类种子就是能够比普通种子生长快得多的物种，这可是我最新的专利发明研究呢！所以制作方法保密（怕你们盗版）。

我在快速生长桂树种子里挑出一批体型较大，颗粒饱满，种壳已经稍稍破裂，露出嫩芽的上等种子，装在一只用防腐防虫的红布垫着的银匣子里，又把银匣子装进一只樟树板盒里，又把樟树板盒放进了一个带有虹膜检测锁的黑色皮箱里，还在皮箱里放上樟脑丸，才算完成包装。

第二章 月球！我来也！

终于，奔向月球的那一天到来了，我一手夹着一大包地球土壤，一手拎着装种子的黑皮箱和行李，兴奋地走上了飞船的旋梯，见驾驶软椅上跷着二郎腿坐着的人竟然是——宇航局副局长？

"你，你怎么在这儿？"

"我怎么就不能在这儿了？你还当这是你的私人度假游啊？要不是我和科学家亨利自愿来的，你啊，就不知道去了能不能回来喽！"她说着，向旁边端坐着的一个帅气的80后挥了挥手。

我勉强地笑了一下，对那个亨利说了声："你好！我叫米兰。很高兴认识你，愿我们合作愉快！"

亨利阳光一笑，潇洒地轻轻点了点头。他那火红色的头发随之一甩，在我和宇航局副局长的深色长发中显得特别明显。

"飞船五分钟后即将起飞！"天哪！我匆匆跑上楼，把自己的行李固定好，又匆匆地奔下楼梯，滑入软椅，以我坐过山车系安全带的熟练技巧系上了飞船上的三道安全带并且戴上了沟通耳机。

“好啊！”，宇航局副局长拍着手说，“好一个精彩的表演！比我还熟练！过山车的老手吧！”

我瞪了她一眼，扭过头来望向飞船的操作屏。

“十，九，八，七，六，五，四，三，二，一，零，预备，点火，发射！”

火焰包围了我们，然后，除了剧烈的颤动，只剩下，宁静……

第三章　基地

飞船的速度真不是一般地快，还没多久便到达了月球。飞船旋梯与基地大门无缝衔接，所以不用穿宇航服，直接进入基地。到了基地以后，我发现除了房间和实验室，不见适宜植物生长的温室。我气急败坏地询问副局长关于温室的问题，她却理所当然地回答温室要我自己做。我无奈至极，只好算了。

第二天一早我便到基地外选了一块空地，由于条件所限，我决定先做个简易的实验温室。拿出纸笔，画了一个草图，便开工作。我先用基地里现有的材料，搭了个很厚的简易帐篷，帐底用金属钢圈固定。然后撕开地球土壤的包装，将泥土均匀地铺撒在地面上，形成一个厚厚的泥沙层。接着，我从带来的种子里挑出一批看上去还不错的种子，将它们埋进土里，浇上水，施上肥。忙完所有事情，天色也渐渐暗了下来，我拖着疲惫不堪的身体返回房间，钻进被窝，倒头便睡。

清晨，我在闹铃声中醒来，换了身干净的衣服，喝了一杯卡布奇诺后神清气爽地来到我的小实验室里。掀开帐篷门，一阵寒气袭来，只见土地和帐篷内壁上都结了一层厚厚的白霜。我一下子懵了，这是怎么回事？为什么会是这样？大脑在停顿0.01秒后又迅速地运转起来。

白霜？我猛然醒悟，月球在夜晚时分的气温可是零下200度以下的呀，这儿不是基地内，温差那么大，植物哪里受得了啊！可是，我怎么才能让这块地成为温室呢？我咬着指甲，啃着铅笔思考了良久，突然，灵光乍现，基地内是恒温，我为何不能将基地里的暖气引进到我的实验室里呢？

说干就干，我先去找了科学家亨利，希望他能够给我一些帮助。他二话没说很豪爽地就答应了我的请求。他打开电脑，迅速找出基地建设图，查找基地的暖气设计原理。接着便带着各类材料工具包来到基地外，开始了各种敲敲打打……终于在两天后我和亨利满头大汗地完成了实验室的改造工程。我已顾不得这两天体力严重透支，迫不及待地重新翻了土，又种下了一批种子，这才安心返回基地。

第二天一早，我怀着忐忑不安的心情跑到实验室前，慢慢打开门，眯着一只眼偷偷地瞧了一下，“啊—！”我惊喜地大声欢呼，“成功了！成功了！”

亨利和副局长闻声跑了过来，见我的桂树苗已经长大，也都纷纷恭喜我，可我激动得连“谢谢”都说不出来。那天下午，我搬了个小板凳，坐在桂树下，看着那一颗颗小小的淡黄色花骨朵微微地抖动，那一天，我静待花开。

结尾　月亮上的桂树

三天后，我们回到了地球，夜里，仰望星空，看着那一轮明月，虽看不到那棵桂树，却仿佛能闻到那从淡黄色小花里，飘出的阵阵幽香……

叶开老师评：

读了莞若清风的童话科幻小说《那一天，静待花开》，我也是被惊到了。这个"静待花开"是说米兰栽种在月球上的大桂树吗？这株桂花树会开花吗？我想一定会开花吧！中国古代神话里，有嫦娥奔月的故事，有吴刚伐桂的故事，有玉兔杵药的故事，这些故事中，嫦娥和玉兔常常被提起，起码玉兔还下凡抓了一次唐僧呢。但是，吴刚的故事却不多，看来可以着重写一下。不过，那是以后的事情了。

米兰这位女主人公是一位植物学女博士，她在月球上种植作物，是得心应手的事情。运用了米兰特选的大桂树种子，再加上月球的土壤，这次培育终于成功了。你的写作，也成功了。你的故事，通篇很美，看起来赏心悦目。不过，你还要注意一个小问题，那就是在这个故事里，宇航局副局长和帅哥科学家亨利，除了帮助米兰飞到月球之外，他们还起到其他什么作用呢？这两个人，感觉后面用处不够大，有点“写丢”了。然而，他们是很重要的人物呢，要给他们安排一点事情做才好。

6 船舱

王怡然　五年级

引　子

几亿年前，外星人来到地球。落下了一个东西。如今，它们又要拿回去，却给地球人带来了大灾难。

第一章

坐在车上，望着车窗外面。小时候，爸爸说，地球因为人类，已经要被毁灭了。现在看起来确实是这样。天地间昏黄一片。看不见上下。我不知不觉走神了。这时，一只手拍在我肩膀上。回头，哈伦对我咧着嘴笑了，我也心不在焉地笑了回去，他说："今天我爸带我去看足球赛，你去吗？"我点点头，至少足球能让我放松些。

汽车到站了，一群人拥出来，包括我的同学们。在这里，大家都住在一起，同一条街上。我家门前，还是一片枯死的庄稼，似乎没人愿意把它理掉，它就一直在这。我记得，很久以前这是一片绿油油的草地，至少大人都这么说，可是在我的记忆中，它永远是一片枯地。我走进去，爸爸和妈妈坐在沙发上，看电视，电视屏上出现了一个人。也许他就是著名的科学家挈尼，他正在说：“经大众的选择，大家统一认为，我们需要离开地球，找到新的家园。”

我停下手中的作业，往上看，双眼紧紧地盯着屏幕。脑子里有一句话，离爱地球。也许吧，我心想。我走进我的房间，我的房间只有一个书柜，一张床，最简朴的东西，书架上摆满书，但是只有一本我在意的《地球是我们的家园》。我紧握着那本书，很久，很久。

第二章

“还真好看！”哈伦说着吃了一口爆米花。兰道尔队又踢进了一球。我看不下去了。抬头向上看。一片灰色，无穷无尽，吞没这地球，脑子里还在想着离开地球。感觉天空离我们越来越远。哈伦目不转睛地看着赛场。我却往后看，烟！灰蒙蒙的一团，越来越多人发现了。他们离开赛场。远处有一团火，在熊熊地燃烧，还有一股浓浓的烟味儿，还有一个背影，熟悉又陌生。正在对我笑，一种狞笑。紧接着是眼前一片黑。

一个人，站在里边，一个房间。我在他的脚下，一阵阵疼痛，他站在我面前，惊讶地看着我，眼睛变成了白色。我看看四周，我们像是在一个废弃的飞船客舱里，仪器和设备还是亮的，发出“滴滴滴滴滴滴”的声音，我回头，那个人变成一个有触须的猛兽，皮肤苍白、瘦骨嶙峋的类人怪物，以及释放纯净能量、微微发光的生物。我闭上了眼睛。

我醒来，发现四周没有东西，一片白茫茫，我的背又酸又带着点麻麻的痛，我转身，四周似乎没人。这时，一阵熟悉的声音在我耳边响起，“什么离开地球，你在说什么呀？”我猛地回头，胳膊撞上旁边的床头柜上，一阵剧烈的疼痛从我的胳膊传向我的头。

“哈伦，”我迷迷糊糊地说，“为什么我在这里？”

我终于能看到他了，虽然很模糊，但越来越清楚了。

“哦，”他接着说，“你晕倒了，我们不得不把你抬到医院。”医院，难怪四周是白的呢！我的头脑渐渐地有意识了。

这时，来了一个人，五六十岁的样子，有一些瘸——挈尼。我一下子警惕起来，他和我梦里的身影很像，也许梦不是真的，但我也不能在他面前放松下来。“你在这干什么？回到你科学家那里去。”我好声好气地说。

他微笑，拱了拱手，没说什么，离开了。他回头，说：“还有，你想知道的话，其实你可以来我的实验室里。”我变得僵硬，不能动弹。只能望见，他远远地走进了一扇白色的门，我前面并没注意到。

“哈伦！”我说，当他来给我送午饭。

“怎么啦？你没事吧。”看到我脸色苍白，他不禁有一些担心。我点点头，示意他过来。我打开饭盒，里面装着平常的肉，盒饭，不香也没有味道。我塞了一口，“我们必须离开。”我对他说。

他惊讶地看着我，吃惊地说：“我们在这不是很好吗？”

我摇摇头。我说，似乎有些过分的悲伤。

“你不懂。”这句话似乎激怒了他。

“你要说，快说。”他说。

第三章

我们的计划是今天夜晚，他把我带出去，我知道挈尼的实验室里有一个飞船，我爸爸和他是好朋友。我们准备去偷了那飞船。可是过了半小时，他还没来，我有些急躁，大喊：“哈伦你在吗？”

他拉住我，“小声一点。”他说，“你知道在哪吗？”他问，当我们走到实验室里，我有点骄傲地答道：“当然了”。我们走过一条条小巷，直到我们到了一个房子的门口，上面标着“a1实验房”。我们走进去，眼前一片华丽到让人难以置信。

哈伦很兴奋，走来走去摸这摸那，我的眼睛却离不开那艘航空飞船。它漂亮，是电视上常说到的那艘光滑又有光泽的飞船——阿波罗3号。我走近那个飞船，它是前些天才造好的，比较新。飞船的翅膀上标着四个字，“拯救地球”。我走进打开大门。哈伦注意到阿波罗三号，我和他爬进舱里，“你会开吗？”他问。我点头，这是我生来就会做的。

几小时后，我们平静地驶过太空，太空很美。黑色开始褪去，眼前是一片寂静的空籁。我们周围有一圈黑，比太空更黑一点。眼前是地球最忠实的朋友——月球，只是这不是大家所认识的月亮。上面的坑比以前更大，似乎脱离了轨道，我惊讶地发现仪表盘上显示39.78万千米，而不是原来的38.4万千米。难道月球偏离了自己的轨道了。我们离月球越来越近，似乎要撞上它了。

我们落在了月球上，这并不是我想落在的地方。哈伦从睡舱里迷迷糊糊地走出来，“我们在哪儿？”他问，还是很晕。我们在月球上走了几步，适应了一下新的环境。月球温度为127℃。

“不许动！”一个声音大喊，两个枪口对准了我和哈伦。我转身一看是两个软体动物——外星人。

第四章

他们把我带到一个地方，那地方隐蔽地藏在月球的表面下，就连我们也没见过。他们的建筑大多由类似蜂蜡的东西建造的，看起来坚固。在建筑中间，坐着一只章鱼，不，应该说是蛇、蜗牛、黄鳝、章鱼的合体，她有蜗牛的触角，蛇的鳞片，黄鳝的皮肤，和章鱼的触手。很明显她就是他们的王。

我们被放在她的面前，她注视了我们一会儿。最后从嘴里吐出绿色的泡沫。许多“动物”从她身后走来一把抓住我们，把我们扯到女王面前。哈伦脸色苍白，虽然在巢穴里像夏天一样热，可是我还是感觉像是在冰箱里一般。女王张开了自己的嘴，我们能看到她的喉咙，像一个无穷无尽的黑洞，似乎要马上把我们合吞没。

我不知道我做了什么，可是动作快过了我的脑子。我从口袋里掏出了一个银币，使劲地扔向外星人的王。我知道，对我们眼前这么巨大的“动物”来说，真的是鸡蛋砸石头——不自量力，最后一刻，她的喉咙慢慢闭上。硬币刚好卡在喉咙上。她把我们摔下来。然后，世界成了一片混乱。

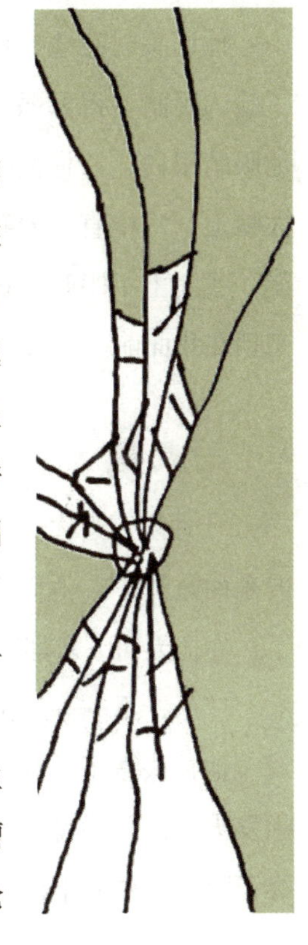

第五章

当我碰到地时我什么也没感觉到，我第一反应就是跑。王的触手紧紧抓住自己的喉咙，发出痛苦的呻吟声。旁边的外星人帮助自己的王，在旁边手足无措。没有人发现我们逃跑了。直到，王大吼了一声，成群结队的外星人开始追赶我们。哈伦气喘吁吁，我也只能拼命地跑，我们穿过一条条隧道。直到我们来到一个房间上面写着“控制房”。

我看了哈伦一眼。他点点头，然后，一起，我们穿过门。

一进门，我就后悔了。房间里飘着野生动物的味道。让我情不自禁地捏起鼻子。最糟糕的是，有人在里面。他没有注意我们，哈伦和我不敢动，不敢呼吸。那个人在电话上说话，“放心先生，都会为您办好的。”

“哦？是吗！好的，我们将移到哪？”

“什么，不行？”他摇摇头，对面的话筒上传来一阵阵怒声，虽然声音很小，但是我还能听清楚。那个男人接着说，“那立法西人呢（后来我才知道是那些章鱼般的外星人）？把他们移除了。”

“再把月球移到拉格朗日点。”这时，哈伦打了一个喷嚏。那个男人回头双眼直直地看着我们。我呆呆地站在那，不敢动。

他回头时我才有机会看到他脸，是挈尼，他见到我笑了，他翻了脸，眼睛变得邪恶，举起手中的枪命令道：“跪下来，快点。”他眼睛很白，“你们听到了吗？”他问我没回答。“快回答！”他大喊道，冷枪直对着我脖子，我像淋雨般地跪在那，衣服被冷汗浸湿。我闭上了眼睛。这时，他开枪了。我睁开眼睛，只见哈伦飞过来挡在我面前。

第六章

有时候，当你在看电影时候，见到所谓的同伴被蛇或者巨蟒类的东西吃掉了，他们都会大声地叫，当时，我觉得很傻，你同伴死了，你把天叫下来都没用。现在当哈伦被枪射中时。

“不，不——”我大喊。

他抬头看了一眼，手里还拿着枪。就看着他那年老的脸，我就想发火。怒气吞没了我，就像大海冲过沙滩一样。我行动了，在我终于明白我在干什么时，我也没停，只是打得更狠，他叫了。

“你杀了我的朋友！”我大喊，“你杀了我的朋友！”我咬牙喊了一遍又一遍，直到我喊得喉咙都哑了。

“你杀了我的朋友！”我用沙哑的声音喊了一遍又一遍，在脑子里想了一遍又一遍。

最终，我叫不动了，也打不动了。

“你不用打了。”他最后说。我往后看“哈伦？”我吃惊大叫到“你还活着？”他转头，笑了笑，脸色还是苍白。“他打偏了。”他说。我不理解，可是我也不管，只是用力地抱住他。

第七章

我们把月亮拖回原位。

我拉住转盘，把仪表慢慢调回38.4万千米。最终我看了一眼在地上的挲尼，哈伦摸了一下他的脉搏，他摇摇头，对我说，“其实你不应该打得那么狠！”

“怎么啦！我以为他杀了你，然后，你知道了吗？是我救了你。”我理直气壮地回答。在这个小舱里我们俩都沉默了。只有仪器在“滴滴滴滴滴”地叫。

我们返回了地球。一阵风声在我耳边徘徊。眼前，宇宙是一片片黑，没有星星，回头一看，也看不见月亮，“我们在哪？”我喃喃自语道。我看看哈伦，他还在睡觉，我不能吵醒他。我爬出了舱外，又是一阵冷风。

四周是漆黑，直到一张图片出现在我的眼睛前。妈妈爸爸在我床前哭，他们看起来似乎很老。我使劲地拍，一本书掉下来，或者是他们搬下来的，我不知道。我突然看见书名——《地球是我们的家园》。

变了，爸爸和妈妈不见了，一个新的人，他长得很像我。浓眉大眼。他手里握着一本书《地球是我们的家园》，这本书还是摊在桌子上，他，站在那，一个青年，还是盯着那本书，我惊讶地看着，这是怎么了？一生一世，我们走后地球都在变化。

到底过了多久？

第八章

地球，成了一片灰色，看不见陆地和大海，高山和平原。天气变得更糟，灰蒙蒙的，让人透不过气。我们接近地球，不敢相信眼前的一切。没有人，没有书，没有山，没有水……只有灰蒙蒙的一片。

地球失去了生命，没有了月球也没有了地球。这使我想起我们过来的时候那一圈黑色，现在已经过了几万年。已经不能返回了。

当你做了选择，返回也太迟了。

是命运决定了选择，还是选择决定了命运。

第九章

我们平静地驶过太空，我坐在窗边往外看，外面不再是昏黄一体，而是一片闪亮的黑色。一个全新的开始，寻找一个全新的“地球”！！！

叶开老师评：

王怡然写了一部很长很复杂的科幻小说《船舱》。这种对于地球就要毁灭的思考，跟《星际穿越》有点相似。即人类毁了地球，然而却发现无处可去。月球还是可以的，但是，在这篇作品里，你写到了，月球上盘踞着一大批长相怪异的生物。我们要弄明白的是，"我"和"哈伦"去偷契尼的飞船到月球去干什么？他们要实现什么目标？例如，是从月球里寻找到挽救地球和地球人类的办法呢，还是击败那里的怪物们？这个，你恐怕要想得更清楚一点。而契尼，也是突然出现的，他打电话给谁？这个很重要。我假设契尼是一个更高文明的使者，他负责评估各星球的"环境状况"，例如地球和月球，就被评为"荒废"等级，这样，外星高文明，就会来处理地球和月球。而"我"和哈伦就是挽救地球的英雄。这是不是更合理呢？

说老实话，我没发现"船舱"在这部小说里有什么特别之处，难道是指契尼的船舱吗？这样的话，契尼要好好设定一下，如我所建议的，设定为一个更高级的文明的使者，来帮助人类寻找新的家园。

7 细胞重组

木木水丁（林汀） 七年级

“滴滴滴——最后通牒，不准靠近！不准靠近！请返回。”这个声音在他的心里回响。他跳了起来，回看四周，没有人，这只是他的幻觉吗？

“早知道就不应该来这个该死的星球的。”他咒骂道。

但是这样一个咒骂却被打断了。透过宇航服的头盔，他看到了一个让自己心凉了半截的现象。

脚印。月球上没有空气，脚印是永恒的。但是这里的脚印……

5足，20个指头。

“滴滴滴……警告无效，开启防卫模式。”这烦人的幻觉！

有一个小点向他飞来。他眯起了眼，是什么东西？

下一刻，他被这个东西击中了。神经系统已受损，连疼痛都没有感觉到。他倒在地上，甚至没有看到是谁发射出了这颗子弹。

只不过，是谁重要吗，唯一重要的是……

他们是外星人!

“欢迎大家来到月球移民-1号。飞船上禁止吸烟。如有什么要求，请向工作人员提出。谢谢。”

“您好，请问您需要什么饮料吗？”一个人问我。

我却很恐惧地看着自己熟悉的蓝色星球被抛开。大气层、泥土、法庭、监狱、水，不是那种经过自动过滤好几遍的水，是纯正的海水，有着咸味的水。

而我目标的地方又是哪里？环形山、黑色的天空、月海、月陆，还有从未见过的“地食”、月球监狱。

这是我熟悉的一切，而现在我在离开它。

“不，不需要。”我心不在焉地说。

还有一个小小的事实将这个恐惧加深：在那里，没有人会在乎我，除了我的同伴们。

一天后，我踏进月球监狱。在这里我们会进行公寓登记。毕竟是第一批移民者，服务是特别好的。

“月球监狱3106号公寓，请将指纹输入。”指纹锁确定好了，这就将是我的家。嗯，更正确来说，这就是我的牢房。

我走进房间。我未来的室友——不，已经是我的室友的一个小女孩坐在床上，双腿摇晃着，托着腮趴在床上端详着一张地图。

“哦，嗨，您就是我的室友吧。”她跳下床，“我的名字是月。”

“尚彬蔚。”我伸出手握手。

“唉，你要干什么？”

“握手啊。”我的手尴尬地悬在那里。

“哦哦！”她仿佛刚想起来似的，将我的手紧紧地抓了抓。

好痛！而且，名字只是“月”，没有姓吗？

“‘阿姨’，我能这么称呼你吗？”

我威胁着挥了挥拳头：“要叫我姐姐！”

“哦，姐——姐——”

我起了一身鸡皮疙瘩。

“姐姐，我要去探险，可以陪我吗？反正在这里也没事可做。”

“可以吗？”我有些犹豫地看着场外的景色，真的到处都是环形山呢。

“有什么不可以的？反正我们也逃不掉了。在这个星球上逃，又能逃到哪里去呢？”月望着窗外，“不说这个了，听说月球背面有许多见不得人的秘密呢！一定要去看看。”

我沉默了。许多见不得人的秘密吗？也许这就是他们把我们关到这里的原因。彻底毁灭我们？应该是这样。我们是做错了事的人，怎么会给我们一个星球来放任我们发展？不怕我们“造反”吗？

“你要什么时候走？”我假装不经意地问道。

“明天早上哦。”月答道，“我先去串门了。”

不知道为什么，这个看起来很欢乐的小女孩给我一种心痛的感觉。是不是跟她的过去有关？看她年纪这么小，难道以前是未成年犯人？

“等一下……你是为什么被送到这里的？”

月已经伸出手推门了，但这只手却悬浮在空中。她一回头，一边将门推开一边非常欢乐地笑着：“姐姐，你不会想知道的。”

一种危机感在空气中蔓延——这个女孩不简单。

“我没关系，告诉我是什么吧。”我强颜欢笑道。

月又在走廊里停下了，却没有回头：“偷盗哦。”

汗。原来是骗我的嘛。可是直觉提醒我，并没有如此简单。

“呐，姐姐，我走了。”月挥了挥手，彻底走出我的视野。

她走后，我非常无聊地躺在床上，看着窗外，想象着窗上加了一层铁栏。我们被困在了名为月球的监狱上，但是这个监狱如此之大，也许可以……

“喂！姐姐！”

我睁开眼，已经夜深了。

“要晚饭吗？我从餐厅里带了几块面包回来。晚餐时间已经结束了。”月举起一块面包，在我眼前晃着。

“谢谢。”我掰下一半，将另外一半还给她，“你去了哪里？”

“串门，问其他人有没有兴趣跟我们一起探险。”

“so？”

“还有2个人要来。明天7：00集合。”

我习惯性地低头看表。但是，手表并没有在手腕上戴着。对哦，入狱的时候他们没收了所有的电子产品。我要怎么确认时间？罢了，反正都在同一个卧室里，让她提醒我一声就是了。

我吃完面包，从饮水机里接了一点水便去刷牙洗脸了。这些本来日常的事在监狱里是奢侈，但是在这里却可以实现。

重回宿舍时，月已经熟睡了，灯却还亮着。我换了睡衣，关了灯，在床上等待睡意来临。

然后我哭了。我离地球有多少千米？本来应该记住的知识没有记住，反而将我送到了这么远的地方……我还会见到我的家人吗？我会在这荒凉的地方度过余生吗？在那一刻，我感受到了孤独的滋味。我仿佛理解了《百年孤独》中的孤独。这个“孤独”的英文不是lonely，是solitude。

有一个人追赶我。他上面的两个字写着："月球"，然后我一直在尖叫。不知怎样发生的，月球突然变成了月，她晚饭给我的面包变成了膨胀剂，我看着我的身体渐渐膨胀，然后像一个气球一样爆炸。

"啊啊啊！"我一身冷汗地坐了起来，抖索着手去摸灯的开关。坏了，肯定吵醒月了。

灯亮了。我在床边取下洗完脸还没有晾干的毛巾，随便抹了抹身上的一身汗。

"月，对不起啊……"我转向她。

灯光照在空无一人的床上。

"月？！"

我跑出了房间，在走廊的尽头看到了她。

"吓死我了，你为什么要……"我喘着气道。

月缓缓f地转过身来。

我突然感到一丝恐惧，我不想看到她的脸，不，绝对不想，因为有什么恐怖的事情将要发生。我的尖叫在喉咙里堵塞，转身重新跑向自己刚刚离开的地方。

"姐——姐——"我听到月叫道。

我控制不住自己，还是回了头。

月的全身发着银光，她的头发变成了银色，她的眼睛也是，看起来莫名的美丽，却令我感到恐惧。她站在那里，如同月光一般的银光照耀在墙壁上。

我没有停止自己的脚步，回到自己的房间，"咚"的一声甩上了门，反锁。

暂时没事了……我依靠着门坐在地板上。外面的月怎么样了？她到底是怎么回事？究竟是地球对我们开的一个小笑话，还是月本身的问题？或者是——月球对我们的报复？

“姐姐！”

这是月的声音！她把门打开了？我要完蛋了。

“姐姐，走了哟！”

我睁开眼，第一眼看到的就是天花板。不过——我不是坐在地板上的吗？

“月？你怎么进来的？”

月的头发和眼睛都恢复了黑色，而她身边围绕的那层光晕也没有了。

“进来？”月眨了眨眼睛，“我本来就没有出去过啊。昨晚不知怎么回事你在地板上睡着了，我就把你扶回床上了。”

“你的意思是，你一直睡着？”我不可思议地问道。

“当然了啊。”月无辜地说道，也不知道是不是装出来的，“好了，先不说这个了，我们可是要去探——险——喔！”

我又出了一身冷汗。跟这样一个人探险……到底会发生什么样的事啊……

“你们好，我是舒谦。”

“我是郭典。”两个看起来二三十岁的年轻男子跟月约好了在餐厅门口集合。无心八卦他们以前干了什么事才进了监狱，我仔细思考着晚上的事。看来我还是放不下啊……月……

“好了，那么就走了。”月认真起来，开始以首领的身份自居。

我们溜出大楼。其实，好像也没有什么对于不能走出大楼有什么规定，但是总感觉这样做是不对的。

然后我突然意识到一个问题：为什么月对我们的探险会那么执着？月本身就是一个极其古怪的人，到这里就更古怪了。

月身上散发的银光，绝对不是一个正常人拥有的。莫非，她拥有魔法？

这个猜测马上被我否决了。因为，如果有魔法的话不需要探险就可以了解所有月球的情况了。

那如果，这一次探险并不是为了了解情况呢？但是不是为了了解情况，又是为了什么？

莫非月是奸细？月球派来的？或者，是地球？

可是为什么奸细要露出这么明显的破绽——在晚上休息的时候独自溜出去，还散发着诡异的银光？还有，她早上是怎么把那些银光消失，把银发、银色的眼睛给变回黑色的？

“出发！”月喊道。

“嘘！小声一点！”我连忙说道。

“喔……”月很认真地点头。她身后的背包装满了水、食物等物品，我们中其他3人也是。

我们就这样出发了。看起来有点荒唐，但这已经是我们力所能及的准备。

“呐，月，我们有目标，也就是终点吗？”出发一个小时后，郭典问月。

“额……仿佛没有？”我说。

“就是去月球背面看看而已。”月这样说。

“而已”这个词听起来如此刺耳。月的目的我不知道，她的异常我也不明白，但是我会前往寻找原因的。

“哦，对了，我好像丢了一个东西，你们先走，我待会儿追来。”走了半天，郭典突然说。

“不需要帮忙吗？”舒谦追着他的背影喊道。

他很潇洒地挥了挥手表示不需要。

“真是的，什么嘛……”我低声抱怨道，哪有这么不小心的人啊。

我与剩下的人继续往前进，只是明显地放慢了脚步，等待他追上来。

然后……

“为什么他还没回来！”月叫道。

难道地球发现了我们的失踪吗，还是月球上的势力？

“我去找他。”与郭典关系比较好的舒谦表示，然后他犹豫了一下，“不过，你们能别往前走了吗？在这里等我们吧。”

我与月立刻会意：“当然。”

于是……

又一个小时后。

“他们俩真的还没回来吗？”月大吼着。虽然现在是这种情况，我还是脑补了一下：如果月球跟以前一样没有空气的话，月就只能做出形态而无法发出声音，那场面……呵呵呵……

“我们去找他们？”我提议。

“一起去。”月决定道。就算她叫我留下我也会要求一起前往的，因为，如果月也没有回来的话，我们就彻底分散了。

一路上，我和月没有说一句话，应该是各有各的心事吧。

2小时后。

还没到……

我无力地拖着脚步。再这样走下去，应该就要返回月球监狱了吧。再说，2个小时已经是郭典离开我们的时间了啊，他们现在还没有出现不会是……

“到了。”月悄无声息地说。

“啊？你看到他们了吗？我怎么没有……”我的话被打断了，远处的一栋楼吸引了我的注意。奇怪，2个小时前怎么没有注意到呢？

“月……”

“很抱歉，姐姐，给您带来麻烦了。”月向我鞠躬，“我再次代表地月联盟全体人员邀请月球监狱的代表来我们的大楼喝茶。”

“啊？！”我转身就跑。月的眼睛、头发又变成了银色，光晕也回来了。

“哎哎哎？”下一刻，我已经处在一处完全不同的地方。瞬移？！

“哦，非常抱歉，尚小姐，刚刚必须将您处于无意识状态才能将您顺利带到这里。”一个男声说道。

无意识？意思就是，我刚刚被打晕了还没有意识到？为什么要无意识状态？难道是……怕我会反抗吗？

我躺在一张看起来像医院的病床的床上。

“还有一点要请求您的原谅。为了防止反抗，我们已经对您使用了神经骚扰，现在您的朋脑无法顺利给其他部位下达指令了。并且，我相信我们还差给您一个解释。”

“我们在这里进行一个实验。实际上，这个实验会有一定代价，但是在您成为月球监狱的一员时这份代价就已经被写进合同书了。当然，这是我们单方面下达的合同，您并没有过目。现在请您过目，并且在这里签字。”

一张纸浮现在眼前。我还没有机会阅读上面的文字，大脑已经自顾自地签字了。

“很好。现在我们要很荣幸地告诉您，这个代价是死亡。哦，还有一定机会您是有可能存活的。”

我想用千万个感叹号来表示我此刻的震惊。

“这个实验的目的呢，是来寻找人类如何达到自身的最大寿命。意思就是，因为器官衰老的死亡，不能有其他因素存在。然后，怎么达到这个目的呢？现在刚开始是重头戏了……”

“当人受伤时，伤口会结疤。所以，我们想，结疤的速度那么慢，一般的致命伤还没结疤人就已经死了，为什么不直接让伤口愈合呢？受伤时，组织会受到损伤，我们让组织分解成许多单个的细胞，然后再恢复成组织，这样伤口就愈合了。其实原理很简单。”

“但是我们的技术并没有跟上。就在那时，我们在月球背面发现了智慧生命。他们的科技比我们的科技稍微先进一些，我们成功了，但是，我们需要试验。在小白鼠身上这一实验已经非常成功，下面就是人体了。”

“现在，又有谁会接受这些实验呢？我们非常聪明地将罪犯转移到月球上，并派出一名间谍将这些罪犯依次引导到实验室，也就是……这个房间。月故意引起你们的兴趣，让你们下决心跟她探险。”

“唉？你好像有问题要问。算了，让你问一个问题吧。”他在我身旁的仪器上输入几个指令。

“你们这群败类。”我脱口而出。但是，除了嘴巴以外其他肌肉还是无法活动。

“很可惜，‘败类’是我们中的大部分。”他冷静地说道。

不管是月球还是地球，只要有利可图，他们就会不惜一切手段来达成目的吗？这就是现实？月球有智慧生命固然匪夷所思，但是居然与地球合作……我心中的最后一点期盼落寞了。

“月是地球人还是月球人？”

“她啊，是纯种月球人。”

什么吗，搞得好像已经有月球人与地球人的混血了一样。

月球就是地球的一个国家罢了。仅此而已。我们的贪心是永远不会变的。

“如果可以的话，尚小姐，实验开始了。”他举起一个针筒。里面是毒药吗？

一丝痛闪过心头。郭典、舒谦他们已经……

“姐姐，您没事吧？”月站在门口，那个男人已经倒下了。月又往机器里面输入了一些指令，我的肌肉有了知觉。

“大家都在吗？”我问道。

“嗯。只是，郭典他们……”

“你做得足够好了。”我知道，月肯定是要犹豫一会儿的。

我看向门外所有月球监狱的罪犯。

“大姐头，你没事的吧？”几个叫声传来。

“没事！”我喊回去。

抱歉了，地球人，你们失算了，因为月不是地球人、只是月球的一个小女孩啊。她的意愿，并不是月球政府的意愿，她在见到我时我就做出了一个选择。赌一把。看看月球人的寿命有多长。

“呐，姐姐，跟你说哦，我们月球人其实可以活50年的。”

啊啊啊？50年？我还以为他们可以活一千年才赌月不会在乎这一个影响寿命的实验呢。

“为什么？”我挤出一句话。

“因为，50年并不短啊。我很满足，能活着。”月对我微笑道。

看来我还是低估月了。

“唉，要是我有你这样一个妹妹多好啊。”我不禁感叹道。

“但是你已经是我的姐姐。”月开玩笑说，“别说这个了，你们要怎么离开月球？地球人肯定会有报复吧？”

我叹了一口气。果然，更多的脑力工作……

“先别说这个了。今天这一天真的好长啊……”我呢喃道，“在为此烦恼之前，我们先享受一下自己吧。”

然后我沉沉地睡了过去。

叶开老师评：

林汀的《细胞重组》写了一个极大的秘密，这个秘密就是一伙“犯罪分子”通过巧妙的方法，诱骗地球的囚犯到月球的秘密基地去，做一个生死未卜的“细胞重组”实验。他们这些“坏蛋科学家”企图通过研究人类的细胞重组的秘密，探讨人类的寿命极限，从中获得自己需要的科学知识，然后，达到更大的目标。月球人中的一个小女孩“月”是这个故事的核心之一，她和“我”住在一起，引诱“我”一起去探险，然后来到了月球背面，故事在这里，纠缠到一起。我觉得，你在写科幻的这个层面，引入了人性的因素，非常棒，你要考虑的是另外一个问题，第一，"细胞重组"的具体科技内涵是什么？跟基因重组有什么差别？是不是更先进？如果不是很先进的技术，写在这里就不够惊艳。第二，这个故事中的"月"到底为何卷入这个阴谋？又为何突然翻转？第三，这个故事中的坏蛋们到底是地球科学家还是月球科学家？这些，都应该写得明确一点，故事才会更有说服力。

8 月球毁灭大赛

沼泽（王赵哲） 五年级

序言 灭神

3017年。

一个很平常的年份。

这是开始第一届灭神“宇宙级毁灭大赛”决赛的年份，会持续一整年。

为什么人们会无聊到这种程度?

鬼知道，反正地球现在是富裕得多，没有雾霾，没有沙化区域，只剩下天然的沙漠（当然像撒哈拉沙漠得抑制一下）。所以人们都无所事事。前阵子有人举办了个科幻大赛，奖金一亿，谁把未来写得最恶心谁就得奖。

在这种荒谬时代中，黑山觉得到家了。

第一章　弱点

面前，不对，脚底下是3D仿真月球。

黑山踩在上面。

想要毁灭3D月球，就得找到弱点。

一想到毁灭月球，黑山就想到了氢弹。

顺便把地球毁了？

算了，模拟的，没人在乎。

他顺手分别拿出100个氢弹，原子弹，中子弹，反正杀伤力很大的，一股脑往下砸。

尘烟散去。

啊？坑太浅了吧，才4英里啊！

不靠谱啊！仿真是不是出问题了？

“叮，我们是百分之一百正确的！”

呵呵。

噢，这下面是基岩，好耐炸的样子呢！

那你很棒棒呢！

首先呢，我们得有光明的月球。每一寸，都要亮起来。

可是，月球背面太黑了。

每10平方米放一路灯?

不切实际。

虽然这里资源无限，但是耗体力啊。

第二章　其他人

两个月过去了，黑山在的月球上，一片寂静。

他无梦地睡了1个月，很舒服。

“叮，两个月已到。任何人可以去查看其他人的进展，但是不能抄袭。并且我们知道你是否抄袭。”

“呵呵，越来越有意思了，去看看吧。”

“叮，已随机到一个人的月球，花费5人民币！”

我去，这系统，坑人啊！

没有办法，谁叫他们是主办方呢。

【黑屏10秒】

“哦，伙计，我的设想是造出时间机器，穿越到10亿年后，那时候，月球会离地球很远很远，然后你应该懂的。”

一个穿着黑色西装，头上顶着一个极不相称的高顶帽，他的四肢好像能随意地像火柴人那样弯曲。

“可是这是不可能的。”黑山直接说。

“哦，不可能是不可能的，一定可能。哦，抱歉，说得有点绕。总之，现在，资源无限，所以我可以没有约束！”

【黑屏x2】

“我去！小伙子，你把每一寸月球表面上都放满了TNT?”

黑山愣住了。没想到这个人这么疯狂。

“黑山，一定能成功的！这些TNT会把月球炸得连渣都不剩！”

“不可能！我试过了，深度只有4英里！”

“没关系，最主要看的是炸出来的碎屑，让我算算啊，月球表面积是3790万平方千米，炸4英里，就是约6.5公里，就是总共炸了1813.5亿立方公里，哈哈哈！”

“但是，有人测试过，1吨能炸37立方米，如果你摆放得合理一点，其实如何摆放TNT是最不浪费的（就像一个TNT炸飞了另一个TNT，就是浪费），永远没有人求得出来。因为，只要你想求，你就得与地势和无穷无尽的方法做比较，这几乎是不可能的。所以说，你最少，也得花4.9亿吨TNT，还不知道有没有用，还不知道地表的成分，可能还会有更加耐炸的成分。”

“但是炸出来的东西……”

“你的计划关键在于炸出来的东西，就是每个只有一栋2楼房子那么大的小行星，也就炸出5亿来个而已。这5亿来个会在月球/地球/太阳三者之间开展引力拉锯战。如果那时地球轨道相对于其他时刻离太阳更近，那么这5亿栋房子会成为太阳的卫星，当然，也有少数会撞到地球。反之，则会成为月球或地球的卫星，用它们的潮汐力把月球拉远，然后它们因为自身的引力要么形成一个小月亮，要么让地球跟土星一样拥有星环。抛开技术问题，我就是好奇，成功率极低，而且掺杂着猜测与运气，你想获得怎样的优势呢？”

“算了，黑哥就给你一个面子，我回去了！”

第三章　气化

说实话吧，TNT不行，我把月球气化总行了吧！

不行啊，人手一支激光笔，统统指向月球，一点用都没有。

那警匪片里的那种巡逻大灯呢?

不行，就不过是把月球照得稍微亮一点点。

能不能给力一点?

拉斯维加斯的卢克索酒店顶端装有世界上最强力的聚光灯，假设是激光灯，再人手一把，额，没有气化，但整个月球亮了！

能不能再给力一点?

美国国防部研发了一种兆瓦级激光器，用来拦截导弹。

月球更亮了，像正午的太阳，几分钟后，月球表面风化层会加热到炽热的状态。

能不能再给力一点?

好吧，美国还有更加厉害的激光器，用于核聚变实验，只需几纳秒点火。但是如果点火时间长一点，人手一把，那么……

整个月球会以每秒四米的速度气化！

月球的表面会成为等离子态，然后剥离月球。

剩下的月球质量无法保持自己的稳定，我是说，在这种引力情况下，如果在小行星带，就没有什么问题。然后小月亮会一头扎进地球。

这回够给力了吧。

结　尾

当然，黑山获得了冠军，得到1亿美元。

令人意外的是，他把所有钱投资给美国核聚变实验。

当然，以他的性格，一点也不意外。

叶开老师评：

哎呀，不够烧脑啊不能够啊。用TNT炸药要把月球炸飞成五亿碎片，诸如此类的，自然是不可能，那么浅的坑，甚至不可能是有四公里深，怎么炸？只能炸点皮毛而已。而用激光来烧？只是，烧什么呢？地球的硬壳足够硬，承受了四十亿年来大大小小陨石的撞击，都没啥问题，怕你啊。至于核聚变激光？看看吧，能量有多大？这些都是问题。总之，为何要毁灭月球呢？这个不是很合理啊。就是无聊，也不必毁灭月球啊，即使只是一次仿真虚拟大赛。要给“毁灭月球大赛”找一个理由，比如像《银河系搭车客指南》里写的那样，为了修建银河系高速公路，著名的宇宙拆迁种族沃冈人受命前来拆迁地球……这是一个很有意思也很反讽的理由，也要为自己的作品找相似的理由啊。不过，你的构思确实很独特，这个很少人想到。你要看看，为何能够炸毁月球，为何不能够。科幻里，人们都是怎么干的？

9 月球文明——驱逐令

新桐（徐洁琦） 五年级

星球法庭上，法官庄严地宣布道："我下令，将月球球长及其家人，全部判处无期徒刑。再将月球的质量缩小至原来的1%，给地球做卫星作为补偿。"

几天后，几十万颗陨石，撞向那曾经繁荣富强的星球。

——引子

第一章 占领计划

"我们的红黄外线合体激光程序已经准备好实验了吧？"

"准备好了！迈克球长，请问你用这个来干什么？"

“G博士，当然是用来称霸太阳系了，我还能用来干什么？”

G博士一听可慌了：“迈克球长，这可违反了星球和平法第三条：不能互相攻击。”

迈克球长不耐烦了：

“我已经向地球发起挑战了，还不快点准备武器，地球这次就是实验品。只要占领了地球，利用他们的高科技——用不了半年，绝对能打下全太阳系，哇哈哈！”

G博士一脸视死如归的神情挡在实验室门口：“我绝不干不顺民意的事情，我不愿我的家乡木卫一、土卫六，落得像那些本来富强却因叛乱而被贬为星球卫星那样的下场！”

迈克一脸冷笑：

“现在没有什么事情是我干不出来的，来人！把G处以死刑。”

G博士破口大骂：“你这卑鄙的小人，狼心狗肺亏我当时还立你为王，我太小看你的野心了，要知道联合球我们可惹不起！……（此处省略脏话）”

看他最后一句没说完，一道红色火源激光，便将G炸得血肉模糊。

“滴滴滴！”激光电报铃响了，从地球发来的：“如果你要战斗，我们奉陪到底，其他星球已经知道这件事了，都很愤怒！那么，现在来看看究竟是谁的末日到了！”

迈克点下红黄外线发射器，随即，一艘正向月球飞来的地球战船被炸毁……

第二章 正式开战

“轰！轰！”月球战船再次开炮，幸运的是地球飞船及时躲开，要不然又得被炸得粉碎。

“哈哈哈！还是归顺吧，你们打不过我的。”迈克球长在指挥船里向地球发电报，但地球却回了一份：“我要坚持到底，我的球民已将此事告知联合球法庭。我看你还是快点停战吧，你再怎么打也打不赢，我们有其他星球支援呢。迈克·波里特，这是你的名字，你却与它不般配，这个曾经带领太阳系抵抗外星生命入侵、统一太阳系的人的名字，出现在一个叛徒身上，太可耻了！你是迈克·吕亚这个伟人的曾孙，也是地月混血。如今你却要攻打母星——你毁了你曾祖父的名誉！”

迈克气得不行，他下令部队开足马力进攻地球，但真像地球所说的那样——发现有星球送来物资支援他们。

不久，正在访问仙女座星系的联合球飞船也赶到了，迈克只得搬出彩虹激光炮（一种月球人研制出的七种颜色合成的激光，杀伤力100%，防御力80%，轰炸力100%。）来退敌。但联合球毕竟是联合球——人家有专门防御彩虹激光炮的盔甲，看到彩虹激光只朝指

挥船飞来，“轰隆隆”指挥船爆炸，迈克被生擒活捉了。

第三章　审判

迈克的伤养好后，等待他的便是审判。在法庭上，他环顾四周的观众，没有一个人的眼里透出怜惜，只有深深的厌恶。最明显的就是月球人，其次是地球人。月球！他自己的族人也憎恨他，讨厌他。本以为只惩罚自己，但却不知给全星球带来毁灭。月球将失去大气层缩小引力和本质，沦落到一辈子都是地球卫星的下场，直到太阳系毁灭！

审判结束，迈克的好朋友麦米来看他，他的眼里虽有不屑，但仍有一分同情。麦米和迈克聊了很久，关于迈克想称霸太阳系，麦米最后丢下一句：“你没害你自己——你害的是全球人。”说完便走了，牢房又陷入沉默。

第四章　尾声

几天后，月球人的身体基因经过改造后，全部向地球迁移，用来填充在这次战斗中去世的地球人，而月球的大气层也被转移给地球。联合球用“星球本质机” 将月球缩小，把它固定，就像那些一百年前叛乱的星球那样，成为地球卫星。短暂的1000年的月球文明就这样结束了……

叶开老师评：

新桐好厉害，你在这篇大作里，想象出了很多超棒的“科技”，例如“彩虹激光炮”“星球本质机”“红黄外线合体激光程序”等，都好超感，不得了。迈克这家伙要称霸太阳系，先进攻地球，是“明智的选择”，你想想啊，地球是他这个“地月混血儿”的母星，可这家伙却没有一点的念旧，而是要先干掉地球，然后去占领更多太阳系里的星球。我有点不太明白的是，法官宣判月球球长及其家人无期徒刑，把月球缩小，去做地球的卫星，这是谁干的？不是迈克吧？迈克只是月球的球长，他要占领地球对吗？那么，缩小月球而让其成为地球的卫星这件事情，在整个故事里，要起着什么样的作用呢？这个，还是要考虑一下。

10 月球传说——秘密计划

栗浩楠　四年级

“程序已设计好，随时可以发射。”一个机器人的声音说。

“沙克斯，做得好。我另有加赏。”一个声音说。

“主人，您用它干什么？”沙克斯说。

“之后，你就知道了。哈哈，哈哈……”

…………

“啊，睡得真舒服。妈妈，我去上学了。”

我睁开眼睛，就背好书包出了门。你肯定不知道我是什么人，哈哈，告诉你吧，我是月球人，不需要吃饭，长相先不告诉你，因为我变成过很多人。出了门，我踏上反重力冲浪滑板，朝发射中心冲去。忘了告诉你了，我们是住在月球里的。

一路上，我飞着飞着，“嘭”的一声，我撞到了什么东西，差点儿摔了个跟头。

“什么东西啊？！”我低头一看，原来是附近工厂生产的伸缩激光剑，这可是个好东西啊！旁边还有一把回旋镖，用亿年寒冰做成，用钻石打磨技术打磨而成。我简直不敢相信自己的眼睛，竟得到了这么好的东西。

我非常开心，催促滑板快点，转眼就到了发射中心。

可这两件宝物不能带到地球去，于是，我就在发射中心旁边挖了一个洞，把东西放了进去，转身朝发射中心飞去，把滑板放到滑板专用区，然后选择人物，有青少年、中年、老年。

实际上，发射中心是一片由无数个电话亭组成的区域，你只要进入电话亭，拿起电话，输入想去的区域你就会成为隐形的气流，冲向地球，一分钟后便到达地球，开始你的地球人生之路。想回去了你就回到电话亭里，刷一下你的月球卡，便会回去了。如果你没带，那你就只能听天由命了，或者和另一个月球人回去。

我到了地球，学了一天的知识，就迫不及待地想回去，虽然作业不多，但我想玩玩那两件高科技。我匆匆离开上海市区，进入电话亭，回到月球内部。

脚一碰地，我就踏上冲浪板，往外冲，取出那两件宝物。突然，我听到有两个人在谈话，其中一个人好像是月球球长，另一个是我们那儿的科学家雷诺。

…………

“球长，我的发明能不能使用？”

“可我不想把我们的邻居毁灭。”

“不是毁灭，是让他们服从我们。”

“……可我认为这样不好，别的星球的人会……”

“那我们也给他们一点颜色瞧瞧。”

“好吧！”

…………

后面的话我听不清了，因为我发出了一点声音，就飞快地跑回家去，大口大口地喘气。进了卧室，我把作业放进专门做作业的机器里，就去睡觉了，根本没想刚才的事情。

第二天起来，我们的收音机里传出一条紧急通知，叫所有的月球人马上在发射中心外集合，我妈妈已经走了。我踏上反重力滑板，手上拿着激光剑，腰间插着回旋镖，让滑板加到光速，稍微过了一点，到了人群的最前头，看到雷诺站到台上，开始讲话：“月球人，将不再到地球去了，让地球人来款待我们，所以，我们要给他们点颜色瞧瞧。请看，这是我和我的助手沙克斯共同花了7年时间完成的高速激光炮，里面含有超强的红色火药，比他们发明的黄色火药更厉害，一炮就可以炸毁一座城市。明天，我就要炸掉美国，因为是他最先登上月球的。”

这一段话讲完，我是又吃惊又害怕：什么？这么厉害，我要不要阻止他呢？明天见机行事吧！明天一早，我早早地醒来了，马上踏上冲浪板，冲向发射中心。发现那里已架好了一台高速发射器，他们正在装一个条形炮弹。我担心地站在旁边，看着他们启动，“嘣”的一声地球上出现了一个小洞，至少在我们看起来是这样。

第三天上学的时候，新闻报道显示，地球上到处人心惶惶，陷入了恐慌中。我看不下去了，决定阻止这次发射。当我回到月球时，我就做好了计划。

第四天，我带上了我研究了好久的飞行器，到达发射中心。在他们倒计时发射炮弹的那一刻，我启动了飞行器，飞到月球与地球之间，拿起伸缩激光剑，把炮弹切成两半，便在身后爆炸了，强烈的冲击波把我震得头晕眼花，可意志不变。第二颗炮弹来了，我这次学乖了，把激光剑伸长，对准它，“嘭”的一声把炮弹击飞出去，好像是炸到土星旁边的一颗大陨石，于是，土星周围有了一圈陨石带，所以后面它是第一个发抗议书的。第三颗直接在我面前爆炸了，差点把我炸晕，幸好我有反弹玄铁盾护身，否则我就一命呜呼了。第四颗来了，在紧急关头，我拿出寒冰回旋镖，在前面一挡，毫不费力就反弹出去了（对了，炮弹是用光发射的，所以会反弹），于是，我就反弹了剩下几颗。回家了，真幸运，他们没发现我的行动。

几个月后，我背上飞行器准备出去玩的时候，我听到收音机让我们集合在发射中心。我踏上冲浪板到了现场，发现有一架加特林在那儿，正对着地球扫射，我问这是怎么回事。别人说：“雷诺又发明了一架高速加特林，一颗子弹便可以毁灭十个城市！”

“什么？！”我大吃一惊。看着青烟袅袅的地球，我又动了恻隐之心，马上飞到空中，开始作战。

我尽全力反弹到别处，结果差点被子弹击中。我想速战速决，拿起激光剑，伸到十公里长，一下就削断了加特林，雷诺的计划失败了。

因为这一件事情得罪了很多星球，主要因为我反弹的子弹在各处爆炸了，所以月球没进入九大行星之中，反而收到很多抗议书。雷诺也被解雇了，而我还在月球上做一个普通人。

叶开老师评：

栗浩楠这篇《月球传说》写得真是又快又好啊。一个人挽救了地球，"我"是典型的"超人"形象。之所以能做到在那些炮弹攻击到地球之前就消灭了它们，是因为你有激光剑、冲浪板和回旋镖，就这样把坏蛋雷诺击败了，用激光剑砍开了炮弹，像切开西瓜，挽救了地球。不过，你还可以提升一下这篇作品，做一些合理的修改。例如，这些宝物是从哪里得来的呢？就是"上学"的路上摔了一跤得来的吗？这样有点太容易了，也不够合理。"我"到底是谁？你卖了一个关子，却没有告诉读者到底是谁。要设定"我"是一个特别人物，例如纳米人？例如机械人？这样，飞上太空不会因为真空而缺氧憋死，不会失重乱打转转。雷诺的这些炮弹虽然很厉害，你反弹了几颗，到了土星成了土星环之类的，很有趣，不过也不够合理。这些炮弹也不能随随便便就飞到"九大行星"里去，距离太遥远了。那样写不够"硬科幻"，行星之间的距离很远的。不过，你才四年级，已经写得很好了。祝贺你。

月球毁灭X计划

宋柏粤　五年级

第一章　入侵

3080年，人类学会了改变太空环境技术，开始在太空中建立一个一个的行政区，人类像蝗虫一样在太空里繁殖，组成了一个人口众多又庞大的国家——U.A.G.（United Adminstrative Region of Galaxy）。

其中在他们已抛弃的母星旁边，一股恐怖势力正在崛起，只有少数人知道这股恐怖势力，他们称它为E.T.U。

我诞生在银河纪元50672年，是一个冥想者。我经常冥想几亿光年以外的事，我对这种想象力颇为自豪，可父亲、母亲，以及村里的人都觉得我太不正常了，所以将我送到银河特殊技校学习。

在学校里我结识了我人生中第一位好朋友——彼得，他是一个可怜的人，就因为他有点娘娘腔，大家就说他是人妖，我和他是前后桌关系，他学习能力强，经常受到老师的表扬，许多人心生妒忌，总是捉弄他。

四年之后，我毕业了。我选择了军事武器这一专业，不过不是当军人，是制造和研究武器。

银河纪元50690年的一天，我走进军工厂时，大家正忙着组装炸弹，我才发现我迟到了，赶紧跑过去，没注意到横梁，我被撞晕了。

醒来时，发现军工厂里一片狼藉，我看了一下钟，咦，我才晕了7分钟，发生什么事了？大家怎么全倒在地上？

我没忘记我的冥想才能，我努力想着七分钟前的事，我撞晕了，身后一声巨响，墙上出现了一个影子，长满尖刺的人！来到军工厂中，把所有人都刺死了。我因为撞晕倒下，他以为我死了，没动我，接着，他走进一间房。

我就只能想到这么多。我拿起旁边刚装好的C4往门上一按，又在门口摆了许多遥控炸弹。门被炸开了，如果他出来，我就拿炸弹炸他。

可是过了一分钟、两分钟、五分钟、十分钟，我等不及了，跨过炸弹堆，走进房间，根本没有什么怪物，只有一个黑色幔子罩着的东西。我拉下一看，一个全息放映机，我检查了一下，这是五十年前的放映机！我打开来看，里面播放的语言我听不懂，但图像我明白。里面说：一种长满刺的外星人在这个星球生活，后来被人类驱赶到月球。

怪不得他回来报仇呢！

第二章 默认凶手

你们知道吗？我被抓了，就因为那次我在工厂里没死，又没有任何活着的目击者。

真可恶！

然后我被流放了。

在卡尔拉火森林，我遇到了我的好哥们——彼得。

他愿意我在他家住几天，我跟他研究了一下月球生物。我们准备以X计划来对抗。

我会做导弹和火箭，只要把导弹装在火箭里向月球发射，月球就会被炸成渣。

就是有个问题，没材料。

彼得说他有个走私军火的好朋友，虽然我知道到走私军火是犯法的，但我得先澄清我的罪名。

我想走私100节星际火箭，然后在里面装上C4塑料炸药，铀和压缩激光炸药。

我还要找个地方发射，得在深山老林，还不能让人知道我的复仇计划。这样也还只有50%的成功率。导弹有可能在半空被拦截，还会被人发现……

这几种可能性，让我彻夜难眠。彼得的鼻鼾声更是让我睡不着觉。我幸好带了安眠药，我服了两颗，就睡着了。醒来时已经正午了，看见彼得正打猎回来。

“起床啦，小懒猪。”彼得这样喊我。

“呵呵，娘娘腔，有没有东西吃？”我问。

“早就有啦，明天起早点，跟我们打猎去！”

“好的。”

“看！我打到了一头特珍贵的多斯拉多兽。”

“内脏我想要！”我大喊。

多斯拉多兽的内脏是一种不错的炸药，一颗拇指大小的内脏可以炸掉四分之一个月球，不过它们很罕见，移动速度也快，而且内脏很小，很难抓到，就算抓到内脏也很小，普通的内脏只有一只笔尖那么小，又难引爆，故此珍稀。

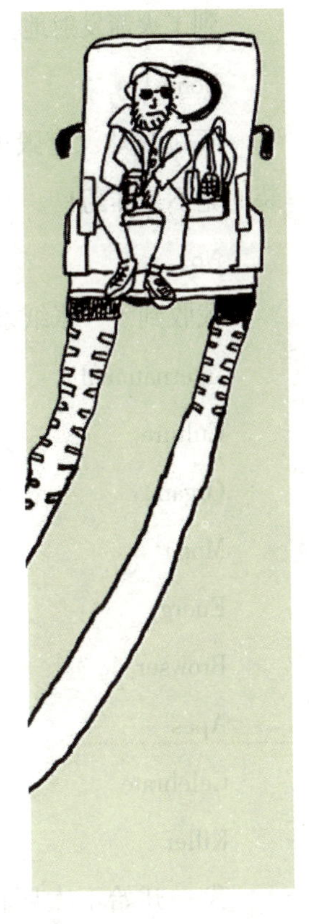

但我恰好是个炸弹专家，我会引爆它，还知道如何不让它走火。

如果我要发射的话，那是100%成功了。

第三章　复仇

接到消息后，我吓呆了，那些可怕的凶手又回来了，国防部邀请我回去，我带着一百架星级火箭回国了。

到了火箭发射地，我的一百枚星级火箭被一股脑地抛向了月球。

Bomb!

不过月球没有毁灭。我们当中肯定有内奸，我发现我的导弹里装的竟不是炸药!

No!

我收到了一张纸条：

International

Culture

Organ

Moon

Energy

Browser

Apes

Celebrate

Killer

我一开始不太明白，后面把首字母连起来就懂了，I COME BACK。

我也回了张纸条：

Fortunately

United Adminstrative Region of Galaxy

Can

Kill You

这一张纸条有两个意思，一个是字面意思，一个是每一行首字

母连起来的意思。

叶开老师评：

宋柏粤总是有些奇思妙想，然后写出来显得气魄宏大。这里的"我"有某种特殊的冥想能力，可以想到几亿光年的远距离去。这样，你在后面应该写到这种能力的运用，而不是仅仅停留在能发现那些奇怪的入侵者。而因为受到冤枉，"我"被流放了，在卡尔拉火森林，和好哥们彼得在一起，猎杀多斯拉多兽，并以此神兽的内脏，制作超大爆炸力的火药，准备复仇。你这里有很多没写完的铺垫。首先是那些可怕的"凶手"到底是谁？其次，谁换了你的火药？还有，你的特殊能力，到底能起到什么作用？这些，都要写完。不能想到了之后，放在那里不动。

12 贝加儿历险记5

吴沁蓓　二年级

一天早晨，贝加儿和同学们在教室里认真地读书、写字，还和同学们在一起玩游戏。放学后，贝加儿在家里的电脑上完成一份作业后，突然，她收到一份神奇的邮件，打开一看：

你好，贝加儿，我是你火星上的爷爷，我现在要告诉你一件事情：地球上的人类已经发现了很多关于月球的奥秘，他们还想从地球搬到月球上来居住，但是我是绝对不允许贪婪的人类，在破坏完地球又去破坏月球的。我要让他们对自己肆无忌惮地破坏环境的行为付出代价。所以我希望你能参加这次地球1652次登月之行，你一定要通过你们老师的这次考核，和你们的老师还有一些所谓的专家一起登上月球。我相信你一定能够通过的，对于一个火星人来说，这种体能上的考核根本不算什么。请你在到达月球后一定要及时破坏他们找到的线索，让地球人永远不能来到月球居住，月球是属于我们火星人的第二家园。孩子，一定要全力以赴地做好爷爷交给你的这个任务。

贝加儿看完邮件后，立即删掉了这份邮件，并参加了这次特别的考核，果然这种考核对于火星人来说，是如此简单，主要只是考察了人的耐力和倒立性，这对贝加儿来说简直是小菜一碟。

一个星期后，贝加儿和老师还有专家们一起坐上了去月球的飞船。这里到处凹凸不平，当贝加儿看到月球的时候就一直在想："为什么在地球上看到的月球是那么漂亮，而现在的月球却是那么丑？"这个月球的地面非常有弹性，就像蹦蹦床和鱼的肚子……

专家们让大家戴上准备好的氧气瓶，月球上没有一点氧气，当然对贝加儿来说，根本不需要这个氧气瓶，但为了不让别人知道她来自火星，她也及时地戴上了氧气瓶。

专家们自从来到月球上，就开始没日没夜地游走，贝加儿不解

地问：“老师，我们是要去哪里，还要走多久？”

“还需要走上几天，靠着地球的这一端，我们的科学家都已经考察过很多很多次了，没有发现什么有意义的线索，现在我们要去月球的另一端，在前几次的考察中我们发现了很多有价值的东西。”老师解释道。

“大家都累了，我们先吃点东西吧！”老师说。

只见老师刚拿出花生米来，还没有抓住，花生米就在空中到处飞了起来，贝加儿立即张开大嘴，朝着花生米的地方扑了过去，结果，嘴巴里一个，鼻子里一个。大伙都笑疯了。

经过4天的时间，科学家们终于在一个小山洞里发现了很多奇怪的图片，似乎也是探索者留下的，大家沿着这个线索往前走，突然发现了一本笔记本，上面画有很多关于月球的图片，大家都高兴极了。

辛苦了几天，大家终于可以睡个安心觉了，只有贝加儿没有睡，她还有爷爷交代的任务，贝加儿蹑手蹑脚地走到了那个保管笔记本的专家身旁，拿起了笔记本，可是此时，她想起了大家来到这里的艰辛，想到了在地球上的姜一牙、姜霖和姜黄儿，还有许许多多的同学和老师，她不想他们死在地球，想给地球人一次机会，于是她又把笔记本放回去了。

第二天，科学家和老师们带着贝加儿坐飞船离开了月球。回到地球后，专家们召集大家开始一起研究这本月球上的笔记本。而贝加儿也因为这件事被爷爷大骂一通，但贝加儿觉得这一切都是值得的，她认为自己没有做错。

叶开老师评：

吴沁蓓的"贝加儿历险记"系列写得简直是得心应手，越来越好了。这个系列之五，火星人贝加儿收到爷爷的"密信"，要她阻止一次地球人对月球的探险活动，这样，"邪恶"的地球人就不会在破坏了地球之后，又破坏月球了。这个要求，看起来是很正当的，因此，贝加儿出发了，探险了月球正面，又去探险了月球的背面。这个是非常棒的想法。最后，贝加儿并没有毁掉资料，因为她觉得要给地球人一个机会。多善良的火星人啊。你真棒。

13 地狱在天上

张家睿　六年级

序：地球联邦国成立前编年表

2054年1月，中国启动“李世民”计划，同年11月12日，发射“神舟34号”绕月飞船。同年12月，“羿I号”登月飞船发射，首次达到光速的10%。

2068年12月31日，“羿XXII号”登月飞船降落。

2081年3月4日，成立地球合众国。

2081年6月1日，地球合众国启动“拿破仑”计划。

2081年12月3日，法兰西总督政变，成立地球帝国。

2245年–2255年，“大内战”。

2255年7月2日，地球联邦国成立，原帝国宰相缪拉·谢顿成为大总统……

…………

这个故事发生在“拿破仑”计划的时代，为了殖民，地球准备向月球进发……

引子：回忆

2164年2月17日，路易王朝82年，皇家医院（位于谷神星殖民地）。

“我老了，要去了。”我，105岁的亚当·谢顿（缪拉·谢顿的曾祖父）说，“年轻时代的我，是那么辉煌！可时间不等人，那时的我多么幸运。”我拿起笔，开始回忆82年前的往事……

一 选中

我22岁，是一名试飞员，是飞过F-45、phantom-340等新式战机的试飞员。这天，我正在吃早饭，接到一封来自EASA（Earth Aeronautics and Space Administration）的信：

致亚当·凡-奥本斯伯格·谢顿先生

亲爱的亚当·凡-奥本斯伯格·谢顿先生，您已被选中参加地球合众国的“拿破仑”太空计划。此计划是将200人送上月球，你们200人将用最少的资源与成本，使用前100年所有到过月球的人类飞行器与月球本身作为材料建立月球基地，可能会有意外事故发生，祝你好运。你们的名字将以火箭编号–飞船编号–座位编号（例：1号火箭的第二艘飞船的第三人是1–2–3）代替。

来自EASA

法兰西州 马赛

2081年6月2日

看到这封信，我既高兴又伤心。我害怕，害怕自己可能会回不来，与我同一个宿舍的戴维走过来："你也有这封信？"

"当然。"

"没什么好怕的，就你的运气，足够死上3回了！"

我笑了一声："是呀……"

二　飞天

6月4日早5：00，我和戴维出发去位于东经88° 24'，南纬1° 25'度，南北纬0度的科隆群岛发射场。我们到时很多人已经在那了。我们签署的"意外身亡责任书"，有以下几个条例：

1.我同意遵守规则。

2.我同意任务的资源配给。（如果不同意，请写下要求。）

3.我同意与他人分享资源。

4.我同意如果我意外身亡，EASA不必负责。

5.请写下遗嘱。

我全签了同意，遗嘱上写的是：如果我死了，请把我的藏书捐给国家图书馆，把我的车给铎丝，告诉她我爱她。

戴维也都同意。

中午12：34，我吃了一个猪肉卷，便到3楼报到，我是6–1–5号，戴维是6–1–3号，我们都是21号飞船的，是第6号火箭的第一艘飞船（每枚Saturn–6火箭可以装载4艘登月飞船，每艘飞船装5人）。

下午2：30，前5枚火箭都上天了，马上就要轮到我这枚火箭，只听“101–120号宇航员集合！”我和戴维上前报到。

我们进入消毒室，消毒后穿上舱内宇航服，通过栈道进入飞船。我和戴维互相安慰了一下，只听“10，9，8，7，6，5，4，3，2，1……boost！”

等离子发动机全开，蓝色的火焰在飞船下舞蹈。我只感到了5分钟的超重，身体被紧紧压在座椅上，随后是另一个极端：我感觉不到任何重量，自己好像比羽毛还轻……

飞行了1个小时，飞船便进入了月球轨道，此时，整流罩脱离4艘飞船单独对接在一起，火箭已全部脱离。起飞1.5小时后，我们降落在月球上。

三　寻找

我们戴上了面罩，从阶梯上走下来，月球是一片寂静，没有大气，没有植物。从这里可以看见地球，让人神往。

我耳朵里传来了控制中心的声音“6–1–5，你将与6–1–3联手寻找‘曌XVI’”，我看了看戴维，想必他也收到了同样的命令。

我开启了通话模式：“6–1–3,6–1–3请回答！”

“在”

“6–1–3，曌XVI……”通话频道上传来一声尖叫，“我找到阿波罗11号了。”

我把话重新说了一遍：“曌XVI 应该在太阳方向1.2千米处。”

“我申请到了1辆月面车！”

“呵……”

戴维开来月面车：“这是阿波罗16号的，还能用。”

我们驱车2小时，看到了“曌XVI”的身影，我们爬进去，看

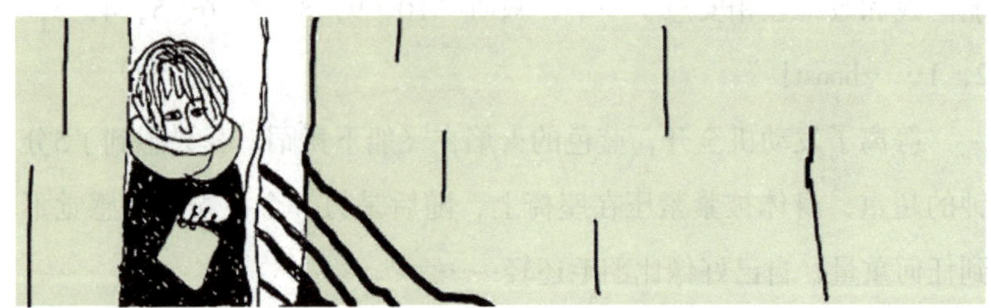

到氧气补给系统没坏，燃料还有31%，造水机运作正常，食物箱里还有4袋中国人称之为“水饺”的东西。它内部空间足够放下月面车了，我们把月面车搬进运载舱，我打趣地问：“我们把它开回去吧。”

戴维说：“燃料足够，可以。”

他按下几个按钮，门突然关上了，氧气开始充满船舱，屏幕上出现了一行字：“氧气充能，已充30%。”

这个数字一直向上爬升，3分后，充氧完毕，我们摘下面罩，飞船的灯打开了，戴维按了几个按钮，屏幕上出现了一行字：“发射程序启动，点火……”

只听一声巨响，我们飞了起来，舷窗外的月球越来越小，戴维拉着一个操控杆，控制着方向。我们飞了4分钟，降落在我们飞船周围。我们是第一个到达的。从这天起，我们飞船的5个人每晚都可以得到1个水饺的加餐。

四　质量问题

一个月后……

我们火箭人都围在一处，我凑过去一看，只见6-1-1号脸色苍白，他面罩下的脸已经被烧灼了，强辐射杀死了6-1-1，这位19岁的少年，这位爱讲笑话的风趣男孩，就这样离我而去……

回到飞船，我给面罩的后部做了一个检查，发现它是由二锰化铁铝（一种虚构的元素）构成，这种材料在零下十至五十六摄氏度中有极强的防辐射性，可一旦过了这个范围，它就会在20天内失去作用，并在30至50天内融化。而且，制造这种材料的化工厂生产的二锰化铁铝有质量问题，本身具有微弱的放射性。我用放射离子消除剂擦面罩，又在上面镀了一层银以起到防光反辐射的效果。

第二天早上，当我正要与戴维说话时，只见他脸色发白，感到恶心，他对我说："我完了，保重。"

"你怎么了？"

"辐射病。"

"不，不戴维，你怎能这样？"

"我无亲无故，离开这个世界也无妨。"他挣扎着，哽咽着，最后说，"记住，hell is on top of us.（地狱在天上。）"说完，他就断了气。

我出去，看着外面这个由古代登月飞行器组成的大村落，心里难受得没法说，我号啕大哭……

我把戴维埋在了阿波罗11号的着陆地点，写了个简短的墓志铭：来了，无亲无故。走了，你至少有一个亲人……

此后50天，另外151人丧生，只剩下我和46个同伴。我给他们的面罩做了与我自己相同的处理，以防止悲剧重演……

五　基地

因为人少，我们用40艘飞船中的20个来补充基地的舱房。我们的基地很简陋，是由49艘前宇宙飞船组成的7x7的正方形，可以装下255人。准确地说，我们建的是一群劳工宿舍，为下一个255人的团队做准备。他们为下一步制作仪器，例如造氧、造水器。他们下一步是一队一千人的工人与设计师，他们才是真正意义上的月球基地的缔造者。想到这里，一股伤感之情油然而生。到今天，我已经离开地球6个月了，对家乡的思念之情愈发强烈。但是，即使是为了死去的戴维也要拼了！

我们勤奋工作，干原来5倍的活却从来没有说过一句累。

有一天，我正与5-3-1聊天，接到了通知，说我们会在3天内被接回家。我既开心，又伤心，开心是因为我活了下来，伤心是因为戴维永远留这里。

12月2日，我与其他46名幸存者受到英雄般的接待，我与铎丝热情地拥抱，我心中有说不出的情感……

六　走吧

2164年2月17日，路易王朝82年，皇家医院（位于谷神星殖民地）。

我放下笔，静静思考着。那6个月是我人生的巅峰！我躺在病床上，看见戴维冲我笑，看见6-1-1在和我说笑。我看见死去的154人在冲我挥手。我的灵魂与肉体分离，得到了解脱，我，这个105岁的灵魂终于安息了……

叶开老师评：

张家睿这篇《地狱在天上》写得非常壮阔，读到最后我还感到有点忧伤。尤其是第一个宇航员的死和戴维的死，看了我觉得非常难过。可见你的叙事打动了我，你用了"倒叙"的方式，写"爷爷"的月球基地建设和探险的故事。这里有一个很重要的前序，你写了一系列的某年发生某事的"大事记"，这种方式非常"科幻"，而且是非常当代科幻，群里狼昨她们前些时期最爱玩这个。大事记你一直写到了2255年地球联邦国，而这篇故事的核心，是2081年首次飞往月球的亚当·谢顿的回忆。这样，后面几个纪年，就显得没有意义了。从小说角度来看，你可以运用一个回忆的结构，例如，缪拉·谢顿大总统在游览月球时，"偶然"发现了祖父的"遗嘱"，这样，时间上就全都用上了。

14 给月球接生

严心翎　四年级

引　子

大家好，我是于3129年出生的11岁地球姑娘凤兰。在我旁边的这位就是我的叔叔卡夫。他是一位科学家、探险家。在我旁边的还有我的表妹菊依与堂兄谷宏。菊依是个5岁的小屁孩，而谷宏是个16岁的男子汉。

终于出发了。

我们用了一天的时间准备了大包小包的行李。终于，我们把它们拎上了飞船，启动了发动机，出发了。

第二章　抵达月球

过了3个小时，我们终于到了月球。

“啪叽—啪嗒”我们走在了黏稠的地上。菊依忙着捞起那黏糊糊的东西，没想到它们却瞬间从菊依的手里穿透过去，流回了月球。接着，我们找到了唯一一块干旱土地安顿了下来。夜空中的繁星闪烁着，我们也不知道现在是几点，但非常困。大家都睡在了帐篷里，套着睡袋，一会儿就睡着了。

第三章　“水”

起来后，我们吃了点乌青沙（要是你问我乌青沙是啥，其实我也不是很清楚，但它是一种户外食物，很容易填饱肚子），感到特别口渴，但我们没带水。这时，我的堂兄谷宏说:“要不尝尝菊依发现的‘水源’？”

也许可以吧，我们捧起一把“水”往嘴里放，不料，却发生了跟菊依一样的结果。那“水”直接从我们的掌心中间穿过，流回了月球表面。于是我们用容器去捞。我拿着装乌青沙的盒子，插进了月球表面。那种感觉真不知道怎么描述出来：插进去后，我感到有种引力仿佛要让盒子和我陷下去一样。我使劲拔起盒子，却没能舀到一滴“水”。

没办法，我们只能趴在月球表面上喝。那味道带有清香，像母乳的气息，还有耐人寻味的意境。真可惜我们无法把它们带到地球。

第四章　新发现

也不知睡了多久，我被一种凹凸不平的感觉激醒了。

我叫醒了卡夫，他拿起了显微镜，观察着月球表面。卡夫有了重大发现，那凹凸不平的东西其实是一粒粒小豆豆，它们的直径大概有5厘米长。捏捏它们，你会有捏弹簧的感觉。偶尔还有几粒小的被我们捏爆掉了，乳白色的汁液喷得我们满脸都是。

几天后，卡夫研究出来这些豆豆原来都是月球的宝宝。他说，预计在7400年左右，又一个月亮将诞生。那些我们发现的“水”其实是月乳，是用来喂月球宝宝们的。据我们所知，这个月球一共怀了10个月球宝宝，而十分之九的月球宝宝很可能将被菲汪人（看下一章就知道它们是谁了）给吃掉，只有大约 1 个月球宝宝能够活下来。

第五章　突袭

我们的任务就是尽可能地保护月球宝宝们，把它们放到太空中。因为现在它们已经一岁大了（等于20年），需要在太空中生活。首先，大家都戴上了手套（除了菊依，她太小了），拔起一个小球，用自己最大的努力抛向太空。三个月球宝宝一齐飞向了太空。正当我们庆祝之时，一阵“轰隆隆”的响声打断了我们。

我们看见了5艘奇怪的飞船出现在了我们的眼前。一个较大的飞船首先登上了月球，紧接着是其他较小的飞船，首领走下了飞船，我一眼就认出了它是菲汪人。它头戴一个方形皇冠，脸上皱巴巴的，全身的皮肤是灰绿色的，还手拿一根奇怪物体做的手杖。

“zukjfcabzcixixucnsondyteu！”（翻译：又有好吃的了！）

“edfadfgaiu！”（翻译：是月球宝宝们！）

我们还没反应过来，一艘飞船就把三个月球宝宝抓走了。

“嗖嗖”的几下，首领又吃掉了6个。奇怪了，还有一个月球宝宝呢？我突然看见菊依趴在黏糊糊的月球表面上叫着：“啊，我肚子疼啊！”

我们赶紧跑过去照看，菲汪人也乘机出逃。

第六章　机智的菊依

菊依说：“你们好傻啊，我怎么会肚子疼呢？我当然是装的，看，一个月球宝宝！”

她抬起身子，一个月球宝宝出现在了我们的眼前，“我是为了引起你们的注意，如果你们都聚集在这里的话，菲汪人就不敢靠近了。”

我们都不由得为菊依的机智而鼓起掌来。

最后，我们小心翼翼地将那唯一的月球宝宝抛向太空。

它的余生只能靠它自己了。

第七章　离开

但快乐的时光总是那么短暂，我们离开了月球。

第八章　一滴月乳

回到地球，我才发现一滴月乳居然奇迹般地出现在了我的衣领上。我抿了一口它，那股带有清香的味道，像母乳的气息，还有那种耐人寻味的意境依然存在。

叶开老师评：

严心翎的《给月球接生》真是一个超级出乎预料的想象，竟然是飞去月球给月球宝宝接生。而且，这些月球宝宝不是那种出生在月球上的人类宝宝，如宇航员的宝宝，而干脆就是月球自己的宝宝。在7400年，这些月亮宝宝就会长成一个新的月球。不过，有一种"菲汪人"却以月球宝宝为美味食品，这些漂亮的月球宝宝一出生，菲汪人就回来把它们抓走去吃掉。这样，月球一直没有生出、养大更多的宝宝。怪不得天上只有一个月亮！原来都被汪菲人吃掉了！只有这一只，菊依急中生智地抢救下来的小月球宝宝，总算是幸存下来了。你还巧用了"月乳"这个梗，在卡尔维诺那里，月乳可是一种"化合物"般可怕的东西，看起来像是石油的原油。而你写的这种月乳，却是真正的月球的乳汁。哈哈，真的棒极了。这个作品，前面不是很童话，后面就超级童话。如果你前后统一一下，就更好了。也就是说，一开始，就要有童话气氛。

15 有人为你等

雾霭青青（李霭青） 五年级

夜的脚步悄悄来临，她用她黑色的衣袍遮盖了整片天空，她的脚步如此缓慢，又是如此宁静。

山村里，一户农家的灯亮着，在这户人家里，一对母子躺在床上聊天。

小孩子问妈妈："妈妈，兔子的家在哪里啊？"

妈妈笑着回答："月亮是兔子先生的故乡。"

此时，月亮掀开黑色的云朵面纱，把银色的光撒向地面，仿佛也在听故事。

孩子又问："兔子先生咋不回家？"

妈妈笑着，想了想说："孩子，流浪是兔子先生的特长。"

孩子嘟着嘴："兔子先生这么不听话，兔子爸爸、兔子妈妈会想念它，担心它。”

屋外的树林里，两只兔子坐在一棵树下，它们抬着头好像在眺望着自己的故乡。

或许，只有动物自己才知道自己的家在哪里。

许多年后，这个孩子也长大了，他离开家乡，工作去了。

他是一个旅行者，飘来飘去四海为家。

春天的傍晚，在被落日余晖染红的天边，隐隐约约能够看到月亮的影子，金黄的太阳缩到地平线下面去了，樱花被风吹散了几许花瓣。

夜穿着镶嵌了星星的黑色礼服慢慢降临。

朦胧春月羞，在樱色的晚霞掩映下，随风而舞飘散最深切的思念，宁静的夜色中，淡淡地消散了许多回忆淹没在这深邃夜空。

银盘一样的月亮，洒下了银色的光芒。少年想着自己小时候的天真，望着这微微寒冷的月亮，他想：若月亮真是兔子的故乡，那兔子会想家吗？月亮上的兔子又是怎样的呢？

一只小兔子站在他家门口，红色的瞳孔倒映着满月。

月光照过春夏秋冬，望月怀远，心锁玲珑。时光，何年再次相逢，别岁月再斟一盅。

月亮对于兔子来说，是它熟悉的轮廓。而这个轮廓苦涩着它的眼眸，它一个人共度了多少寂寞年头……

夜深人静，当少年睁开眼睛时，他惊讶地发现自己竟然在月亮上。哦，月亮有一面永远是白天，一面永远是黑夜。少年起了好奇心，他走向月亮的另一面，渐渐发现月亮是一个很大的空间，多么的广阔深邃……他每走一步，都有一声清脆的回音。

这里静得出奇。

突然间，有歌声想起，打破了这里的宁静，歌声是那么的优雅，是那么的温暖。少年继往前走，歌词越来越清晰：

小孩子问妈妈
兔子的家在哪里啊
妈妈笑着回答
月亮是兔子先生的故乡
小孩子问妈妈
兔子先生咋不回家
妈妈笑着回答
流浪是兔子先生的特长……
少年听着这首歌，似乎想起了什么……

“叽叽喳喳……叽叽喳喳……”小鸟用清脆的嗓音叫着。

阳光射进少年的房间，少年睁开蒙眬的睡眼。他看了看日历，今天是周日。他回想起昨晚的梦，这个梦的愿望是什么，梦的心法是什么？他思考了一个上午，但终究没有答案。

晚上，他上了床 。睡前，他又想了想昨晚的梦。这真是一个神奇、古怪、逼真的梦。今晚又会做一个怎样的梦？梦中又会梦到什么？……一连串的问题在少年脑海里一一浮现出来，思考着这一个个问题中，渐渐地走进了梦乡……

果然，还是把昨晚的梦继续做下去了，那首歌还在继续唱：

小孩子嘟着嘴
说兔子先生怎么不听话
兔子公公兔子婆婆
会想念它会担心它
小孩小孩轻声说
啊，兔子先生你快点回家
最爱你的爸爸妈妈
在那远空盼望你啊

少年下定了决心，这次他一定要看个究竟，唱歌的究竟是谁？！

少年走着走着，看到了一根很长很长的巨型胡萝卜和一个毛茸茸的白球。突然间，毛球冒出了两只小耳朵，走近了，他才惊讶地看清，这是只兔子！

难道刚才唱歌的竟然是兔子？

这只兔子有雪白的绒毛，像是雪地里的积雪，它的眼睛像是晶

莹剔透的红宝石，这是他见过的最漂亮的兔子。

周围一片寂静，少年鼓起勇气，打破宁静。

他说："嗯，那个……歌是你唱的吗？"

兔子抬起爪，点点头，道声："是！"

"你会说话！"少年惊讶地大喊。

兔子一本正经地说："安静！还有，以后请叫我兔子先生。"

"哦，我知道了……"少年愣了愣，说，"兔子先生……"

这使他想起了什么，万千思绪涌上心头……

少年回过神来，问："那根巨型胡萝卜是什么？你怎么会在月亮上？还有，怎么只有你一只兔子？"

"那根巨型胡萝卜是我们住的房子，我待在月亮上，是因为这里是兔子的故乡，原先兔子是生活在月亮上的。"兔子先生转身看向地球，"动物界，把狼奉为战士，狗奉为管家，猫奉为模特，鸟奉为歌姬……"兔子先生停顿了一下，"而兔子被奉为游子……我是在月亮上诞生的第一只兔子，我留在了月亮上。"

少年懵了，他说："地球上的兔子都是从月亮上来的？"

兔子先生回答道："是呀，我一直都在等待他们回来。"

少年说："怎么可能呢？"

"每当八月十五的时候，月亮倒映在水里，只要兔子说出兔族的咒语，然后跳入水中，就会回到月亮上。"

"你觉得它们会回来吗？"

"会！"兔子先生很肯定地说，"因为叶落兔归。"

天亮了。

少年在门口的信箱里收到了一封信，这封信是母亲寄来的。

信上写着：叶落人归，我一直在等你。

信上就这几个字。

晚上，月亮掀开神秘的面纱。

少年又听到了兔子先生的歌声，他想起自己小时候的事……

他决定要在中秋节回到故乡。

一只兔子，也在悄悄地做决定。

那一场梦，就像是一朵花，一朵千年不谢的花，他永远也不会忘记，他会用心珍藏那朵千年不谢的花。

中秋节那天，他回到了故乡。

晚上，他像小时候那样陪着母亲，望着满月，渐渐地，进入了梦乡……

梦里，他又梦见了月亮。月亮上，不只是兔子先生一只兔子，而是有许许多多只兔子，它们钻进巨型胡萝卜，胡萝卜是每一个兔子的家，里面亮着小夜灯，闪着温馨的光……

叶开老师评：

雾霭青青写了一个非常精彩的童话故事，线索明朗，情感真切，我读了悠然而向往。你的这个故事没有科幻色彩，但是在童话的展开过程中，你把"兔子"和"月亮"这个关键的主题，从中国古代神话中脱胎而出，植入了自己的特殊的美好的想象，写得很感人。少年听妈妈讲月亮和兔子的故事，他离开家到处漂泊之后，有一天突然来到月亮上，又听到一首儿歌，写的是妈妈给他讲故事。原来，月亮是兔子的故乡，"每当八月十五的时候，月亮倒映在水里，只要兔子说出兔族的咒语，然后跳入水中，就会回到月亮上。"我很喜欢你的想象，这个故事又复杂，又温馨。

16 月球——秘密基地

杨睿敏 六年级

3074年，美国发射了一颗名叫“瑟斯七号”的探月卫星，捕捉到了五百亿像素的月球背面图，并首次在月球背面种植了温室蔬菜，大获成功。奇怪的是，这些蔬菜神秘失踪了，温室的铁门也有被撬开的痕迹，蔬菜周围也有类似人类赤足走过的印迹。

宇航部门以为是登月的航天员留下的，但他们很快打消这个想法，因为近三个月没有哪个国家派宇航员登月，如果有，留下的又怎会是赤足脚印？

他们又采集了脚印周围的月土，经过DNA对比，竟然没有一个人能配对上，他们又拍下这张图片，让科研人员夜以继日地对比，折腾了将近一个星期，全球以及刚移居火星的十万人，没有一个人能与这脚印相吻合。

这就奇怪了！莫非……

宇航局为了搞明白，派了由一百人组成的庞大队伍，前往月球背面进行勘测。

在他们登月三个月后，通讯竟神秘中断了！宇航中心的显示屏上一片空白，所有音频全部失效！包括他们乘坐的“天琴五号”的飞船定位也没有显示了！这一百名宇航员真的与世隔绝了！没人知道他们的下落。宇航局本想再派人登月，可他们遭到了全人类的反对，便被迫中止了本次登月计划。

没过多久，通讯恢复了，一切正常！飞船定位也有了显示。只不过画面中显示的不再是那个荒凉的、阴暗的月球背面，而是一个一望无际的巨大基地！有不少不像“人”的生物在忙碌着。那一百人也没穿厚厚的宇航服，也没有背上气囊，而是穿着轻便的运动服。他们仿佛受到了引力的作用，稳稳当当地站立着。航天局叹为观止，他们从未见过如此大的基地，更没看见过长相如此奇怪的“人”。

接连几天，航天员都为地球上的人们带来惊喜。

DAY1：深入基地，发现激光武器。

DAY2：发现克隆人。

DAY3：发现改变基因的药水。

DAY4：发现射程为五百万米的激光大炮。

所有人都惊呆了！没有人想到月球上还会有如此之多的高科技物品！宇航局又问他们这在哪个方位，结果他们回复说：“月心！”

难怪科研人员发现这里不分昼夜，而且“天似穹庐”。

原来这里是月心！航天局又问宇航员如何到达那里，宇航员个个都说是被五名尖脑袋的黑衣蒙面人击倒，被地心飞船带到这里。那么月心怎么会有充足的氧气呢？为什么还有如此奇特的“人”呢？为什么还有一个大基地呢？一连串的问题困扰着所有人。

地球上的夜晚是宁静的，航天局局长仰望着月球，仿佛看到了一个庞大的基地，听到上万机械同时发出震耳欲聋的响声，看到奇异的生物在摇动着试管，一百名宇航员正潜入基地研究……如不是宇航员发来的图像和音频，恐怕局长自己都没想象过这安详、宁静的月球会有这么多的奥秘！局长也决定，自己去月球上看看。

次日清晨，局长乘坐“B7532号”火箭，飞向了月球。他降落在蔬菜大棚处，无法解释的脚印旁。

9：37，登月30分钟，一切正常；

10：50，局长看到从北面约500米处，目测体积1000立方米的巨大飞船，迎面慢速前进；

11：30，飞船离局长不到５０米，局长看见飞船中坐着不少于五十个奇异生物；

11：35，通讯全部间断；

13：03，飞船停下了，一个巨型梯子搭上月球，三十名黑衣人用麻醉枪将局长击倒，用大布袋拖走了局长。往后5 0分钟，局长一直在沉睡着，只感到异常的颠簸；

14：00飞船抵达了月心，局长被注射清醒药物后，黑衣人突然消失，巨大的基地呈现在局长眼前。

局长漫步在基地中，不知不觉中，他的宇航服竟奇迹地变成休闲服，呼吸到了比地球空气清新几百倍的空气！

在一个拐角处，发现了其他一百名宇航员。

“局长！”所有人都惊叫起来。

局长淡定从容地问：“你们今天又发现了什么？弄明白脚印的来源了吗？”

A：“暂时没有太大进展，毕竟我们还无法进行深入研究……”

局长：“无法深入研究？为何？”

B:“我们没有探测器，它连同我们的飞船一起在几个小时前被外星人打劫了。”

C：“飞船里面有不少宝贵的东西。”

局长立即起身回到降落点，试图找到些什么。可他观察了大半天，依然没有一点蛛丝马迹。

“等等，如果飞船被劫，里面的仪器……基地！用我们的仪器加上他们超人类的智慧……”局长接着说，“这几年被劫的飞船确实是越来越多了……我记得大约有300艘左右吧！”

A：“300艘，我觉得可以构建这样一个大基地了！”

B：“是啊，一艘飞船上的仪器就多达70件，燃料在三吨左右，其他有效物件有200多个……”

C：“更别说300艘了！”

局长：“当然，这只是我们的猜测，也不一定正确。所以下一步，我们要进入基地深处进行调查，核实我们的想法！”

第二日一早，他们便分成20个小队，深入基地，分头调查。局长带领七分队，深入兵工厂进行调查，其他小队则潜入其他车间、厂房进行调查。

大约过了8个小时，各队在兵工场站前集合，纷纷汇报着自己调查结果。

一队：“氧气制造厂中的制氧机的批号竟是从B01一直到B 97，而且上面有我们刻的防伪标记！”

二队：“实验室的量杯是我们制造的！”

三队：“监控室的显示屏和所有探头都是我们飞船上的！”

…………

最后由七队发言：“我们发现他们所制造的武器样式与我们的差不多，只是他们巧妙地将武器的子弹换成了激光远程射击……由此可见，也足以证明他们是仿照我们的武器进行改造的！”

十五队有人抗议：“可恶，我们把这里摧毁了吧！”

“不行，我认为我们可以利用这个‘风水宝地’！”C发话了。

局长点点头，接着补充：“对，我们可以将这里设计为地球基地啊！这样一定能对地球的发展有利！”

“那，我们该如何处理那些外星人呢？”又有人提问。

“这个简单，一起利用啊！”局长说。

经过大家的不懈努力，外星人们终于将基地转让给局长一行人，并为局长他们制造了几台月心机，让局长他们能在最短的时间内穿梭地月之间。

几年后，这个地方成了地球的第一研究基地，外星人们也成了人类的第一助手。

叶开老师评：

杨睿敏的《月球基地》写了一个很复杂的月球背面的故事。在宇航员探索月球背面（不是暗面，只是因为月球自转和公转精确配合，而使得月球永远总是一面朝向地球，另一面背向地球。但在向阳时，这面也是白天）时，发现了一个惊人的基地，那是外星人基地。这里，你提到一百名地球宇航员被外星人劫持，连局长也被劫持。这些外星人占据了月球核心，他们到底是谁呢？很好奇啊。既然他们科技这么发达，怎么还需要劫持地球的宇宙飞船？他们生产的武器竟然也是仿照地球的。如果仅仅是运用地球技术，能实现在月心居住可能吗？我还很好奇，局长和宇航员怎么说服外星人跟他们合作的？这是关键的一个细节，如果能想清楚，写一下局长是怎么能够这么轻松地说服外星人的，你的作品会更棒的。

17 我的月球探险

王小凯　五年级

“咚咚咚”，有人正在敲门。

“进来。”从门内发出一声沉重的声音。

“报告舰长，那些地球人又在飞船上搞研究，我们该怎么办？”

“没事！再过一段时间飞船就可以充满太阳能继续飞行了。”

“明白舰长，我们以后不要再理那些地球人了。”

“对。”

这段话给美国NASA记录了下来。

我的名字叫迪科，我是一名宇航员，因为NASA的月球检测器记录到了一段对话，我奉命立刻去月球调查这件事的真相，陪我一块去的还有我的好搭档肖。

当我们安全降落后，便有了发现。离我们降落地不远处有个奇大无比的月球坑，这是从未有过的记载。我俩落了进去，可奇怪的是最后踩到的不是月球表面，而是一大块钢铁地面，更奇怪的是那里面还有一条通道，我们沿着通道向里走，发现到处都是铁板，再往里居然发现了一大堆垃圾。

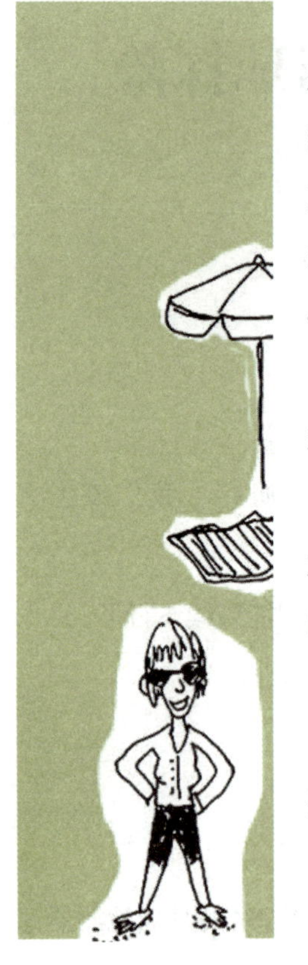

“天哪！难道这里真的有人住吗？”我并没有回答他，只是继续走着，渐渐地我感到热，便试图发现这里有没有氧气，果然，这里真的有。我和肖脱下了宇航服，没走几步便发现了一扇门，推开一看，竟差点“亮瞎”了我们的眼睛。

“这完全不是现代的科技！”我惊叹地望着墙上那些电子按钮。

这时，从另一扇门走出两人，“快跟我们走，不知舰长会如何处置你们。”他们用强壮的臂膀架着我们。

我们到了一间房的门口，两人敲了敲门，“进来。”一个威严的声音从门内传出来。就这样，我俩被送了进去。

“舰长，这里有两个闯入的地球人。”

“什么！噢，没事，再过四个小时飞船就

充能完毕，可以起飞了，好，现在你俩出去吧。”

“是。”那两人退了出去。

“你们好，作为首次登上‘神舰号’的人，应该很激动吧！”

“什么？我们激动？我们现在连真实情况都没搞清楚！”肖叫道。

“冷静，请冷静，等我慢慢告诉你们事情的真相。其实，月亮是艘飞船，我爷爷发现的，他也是第一个到月球的人，对！没错，他就是阿姆斯特朗。”舰长望着我迷惑的眼神解释道，“我叫老QFWFQ，这是从我父亲手上继承下来的。现在让我带你们参观一下吧。”

“哇！”望着“月球”上无边无际的房间我们忍不住惊叹。我们参观了厨房、卧室、电影院……甚至还有卫生间。肖悄悄地对我说：“这可比地球好多了！”

“其实‘神舰号’是到这个星系来吸收太阳能的，能量马上就要充满了，一旦充满，它将开始新的航程。我们要不先送你们回去吧。”

我刚想说“不”，可肖比我还快地说了声“好”，随即，我便感到一阵眩晕。

回到NASA总部，总部人员奇怪地问“怎么回来了”，我和肖都指了指天上，他们抬起头，发现“月亮”飞走了……

叶开老师评：

王小凯的《我的月球探险》写得非常有趣。你的故事核心，明朗而独特，即月球是一艘超级飞船，来太阳系是吸能的，当这艘超级飞船储能结束，充满了能量之后，就会飞走的。而且，你还运用了刚刚学过的伊塔洛·卡尔维诺的小说的梗再加上NASA著名宇航员阿姆斯特朗的梗，构成了"船长"这个核心人物。不过，月球是地球的稳定器，这是几十亿年来的一个"事实"，你在小说里说它要飞走就飞走，有点不够"科学"。这样，月球飞走了，地球怎么办？当然，"船长"没有必要理会地球人的死活。问题是，月球飞走了，要去哪里呢？宇宙这么大，这么深。而且，既然"我叫老QFWFQ"，那么我的爷爷就不可能是阿姆斯特朗了，因为"它"比阿姆斯特朗先生老多啦。这个是小问题，可以合理化。但是，月球飞走不够合理，你要考虑如何让这个"飞走"令人信服。比如，月球是超能外星文明的产物，它只是在播种地球文明，看护地球文明。但是，到了某个时代，例如三千年时期，地球人类已经拥有了较高的科技水平，几乎可以探测到月球的真相了，而且，他们的技术也可以进行地球自转轴的自我稳定和平衡。这样，月球飞船接收到了特殊的脉冲信号，自动激活了。然后，在几乎所有人的惊叹下，月球缓缓驶离，融入太空深处。地球，再度孤独！哎呀，我觉得这样真的很好。写作上，要给出一个令人信服的解释，这是很重要的。

18 月球

夏农（何浥尘） 七年级

“你们注意照顾好他们，不要发生什么意外，并且要注意严格训练。”我对身旁的手下说道。

“是，队长。”

我是一个部队的队长，我的部队里的人都是精英，是地球上效率最高的队伍。

这里，是我在月球上的秘密基地，除了我部队的队员，还有一些长官，其他人都不知道这个基地。在这个基地上，我养了很多战斗宠物，其中有一只灵猴，最聪明，任务完成概率也最高，是我最喜欢的一个宠物，我把它当成我的朋友。每周我都会来这个基地一次，亲自训练这些战斗宠物。

在前一段时间，我对宠物的训练一直不是很严格，只要它们累了，就会让它们休息，但是这一段时间，必须要对它们严格训练，这还得从一个月前说起。

那一天，我像往常一样，来月球上给宠物们训练，在训练了一会儿后，宠物们有些累了，我也回我自己的临时房间休息，我的几个手下正在给我汇报最近的情况，突然，刮来了一阵怪风，我们都被卷走了。等大风停下时，我们已经在个陌生的环境里了。

“看一下指南针，我们现在在什么方位？”我对手下说道。

“队长，刚刚那阵大风来得突然，我们没有做任何准备，现在身上没有指南针。”

我看了看四周，突然发现手上正戴着一块手表，我突然想到用手表定位的方法，把手表平放，将当时时针指向的时间的数字除以2，得到一个数字，并将这个数字对准太阳的方向，这时手表的12点方向就是北方了。我立刻行动起来，却怎么也得不到方向，时针在不停地摇晃。

“怎么回事？”我气愤地将手表摔在地上。

“队长，听说在月球的背面，是定位不到方向的，我们现在应该就是在月球的背面。”一个手下突然说道。

听了他的话，我慢慢冷静下来，想起刚刚那阵怪风，觉得有些不对劲。

“你们说，那一阵怪风把我们刮到这里来，是不是想让我们发现什么？”

“队长，那我们往前走走吧！”

我们一起向前走去，突然走到了一个帐篷前，我示意他们停下，我们一行人蹲在帐篷门口，把头探向帐篷里面。里面的人似乎都是外星人，嘴里叽叽咕咕着，不知道在说些什么。我又看向他们所指的地方，发现一张纸上面，画着一个月球，又画着一个地球，一个外星人，用手指了一下月球，又滑向了地球，然后发出“嘭”的一声。我顿时明白了他们的意思，他们是想用月球来撞击地球，以此毁灭地球。

身边的手下看见这副情景，倒吸了一口冷气。随着他这个动作，外星人也察觉到了我们的存在，他们飞快地冲出帐篷，朝我们跑来，我立刻带着手下转身就跑，外星人在后面紧追不舍。眼看着我们就要被追到了，突然那阵怪风又刮了过来，将我们卷回了基地。

一回到基地，我立刻大叫起来：“加强对宠物们的训练，绝对不能放松。”如果训练好这些宠物，他们一定可以帮助我们阻止那些外星人。在一次又一次的训练下，宠物们有了很大的进步。就在我打算带着它们回到月球背面拯救地球时，令我意想不到的事情又出现了。

那天我正准备前往基地，手下突然发来了视频，视频中，基地里的宠物全部都在四处乱跑。

“队长，这些宠物好像在一夜之间都中了什么病毒，似乎全部被黑化了，您快点回来看看！”听了他的话，我立刻赶往基地，这就是噩梦的开始。

刚到基地，我就被吓到了。宠物们都在攻击我的队员，而我的队员们因为不忍心伤害它们，有被抓伤咬伤的，也有被咬死的。我立刻跑向灵猴的地方，发现它正十分痛苦地抱着头，爪子时不时地向前抓一下，眼睛红红的，想要咬人，却又拼命克制着自己。我立刻跑向它，它一看见我，立刻开心地叫了起来，却马上又做出了痛苦的神情。好在这只灵猴最聪明，能力最强，才没有被影响，不然后果不堪设想。

我快步走向它，在离它只有一步之遥时，它脸上突然没有了痛苦的神情，张牙舞爪地朝我扑了过来，我立刻闪开，从包里掏出麻醉枪朝它开了两枪，它才慢慢倒了下去。我立刻将麻醉枪甩给了我的队友，他们很快也将剩下的宠物麻醉了。

这件事很快就传到了长官的耳朵里。

“你最好快点把你惹出来的祸处理掉，要是传到了首长的耳朵里，要是让它们跑出来祸害地球百姓我可不管。”长官愤怒地拍着桌子。

“长官，我们在月球背面发现了外星人，他们要发射月球来攻击地球，留着这些宠物会有很大的作用！”我争辩道。

“你自己看看！”长官将几张照片摔到我面前，上面是外星人给宠物们注射药剂的情景。“瞧瞧，这就是地球精英部队的戒备，随随便便就能让外人进入，要你们有什么用，给你们三天，处理好这件事情，不然，哼哼，你的月球基地就等着被炸飞吧！”

回到基地后，我的心情十分复杂，如果要处理好，只能杀了这些宠物，或者找到那些外星人拿回解药，不然这些宠物就会祸害地球人。正当我纠结时，突然一个陌生号码传来了对话请求。

“精英队长，如果想救你的那些宠物，就来萨娜星球找我们啊！”那个低沉的声音说完这段话就大笑起来，随后挂掉了电话。

“快，你们和我去萨娜星球。”我随便指了几个人。

“不行啊队长，萨娜星球离我们很远，等我们过去拿到解药返回时，宠物们早已在地球上被屠杀了！唯一的方法只有……”手下说到这突然沉默了。

“我怎么能看着这些宠物死呢？”我大叫起来。说完我就要一个人出发。

“队长，你得为地球考虑啊！”手下们都叫了起来。听到他们这句话，我顿时冷静了下来。我得为地球负责。我拿起枪，向发狂的宠物们走去，闭上眼睛，开了好几枪，宠物们号叫着倒下了，我慢慢地走向了灵猴，它已经变得不像以前那样了，我狠下心，朝它开了一枪，它伴随着枪声倒了下去。就在我伤心时，对话请求又响了起来，还是刚刚那个人，声音却带着最后的挣扎。

“你对宠物们做了什么？它们的药剂都是用我们的心脏血液做成的，你杀了它们，我们也活不了，你……”还没说完，那个声音就停止了。

我的月球基地从这一天开始，就解散了，我也离开了精英部队，因为那里有伤心的回忆。

叶开老师评：

何浥尘的《月球》写的是地球精英部队在月球基地上发生的一件事情：超级宠物尤其是"灵猴"等，本来是训练来对付外星人的，却被外星人注射了某种药物，而发狂攻击精英部队。这些外星人是住在月球背面的，一阵风刮来，"我"和队员就来到了背面，看到了外星人打算以月球冲击撞毁地球的恐怖画面。又一阵风吹来，"我"和队员们回到了基地，而发现宠物们发疯了，在这个时候，他们听到一个声音，建议他们去萨娜星。

这篇作品留下了好几个特别的空间，可以好好推进，可惜最后被你简单地结束了。第一：外星人到底是谁？他们的企图是什么？如果他们是打算撞毁地球，如何阻止他们？第二：建议精英部队去萨娜星的外星人到底是什么人？为何他们的药剂都是用"我们的心脏血液做成的"？第三：外星人为何要潜入基地给宠物们注射药物，难道仅仅是为了让它们发狂而攻击精英部队吗？这些问题，需要解决，你的小说才完善，不然这样结尾，就留下了好几个疑点。而"突然刮来一阵大风"，也有点莫名其妙，似乎很玄幻。这里，如果是月球，就不能随随便便刮风了，因为月球上没有空气啊。如果非要刮风，就必须给一个理由。比如，是外星人制造的"大风"。

19 鏖 战

方宴哲 五年级

在出现人类的100年后，地球上的简易宇宙飞船已经问世。多名当时著名的宇航员：阿姆斯特朗的前世、杨利伟前世等等都飞往各个星球溜达，就连月球也不放过。这地方全是坑，可加加林前世还登上去玩了玩。

那个时候，还是九大行星。月球、地球、金星、火星、水星、木星、土星、海王星和天王星都包括在内。

千万别以为月球上没有生物，在那个年代，月球的另一面，地球看不到的那一面，住着一群月球人。这些外星人脸绿眼红鼻子黑，头大腿粗身子肥，一个个全是秃头，用李白《蜀道难》里的诗句来形容就是“使人听此凋朱颜”。哦，不不，应该是“使人看此魂飞散”。

外星人首领叫波洛克。

“这帮不要脸的地球人，怎么隔三岔五地就来侵犯我们的地盘呢？”虽然没有说星球之间不能串串门，但波洛克很介意这样，那张绿脸气得发紫。波洛克也是个上了年纪的老头了，本来身板就不好，又生气，搞得突发心脏病，赶快送医院，已经来不及了。这位已经鞠躬尽瘁多年的月球球长，波洛克，就这么不治身亡了。

波洛克的儿子，波洛克二世，决定为自己的父亲报仇。

他命令所有人研制超级导弹飞船战斗机，一百架。

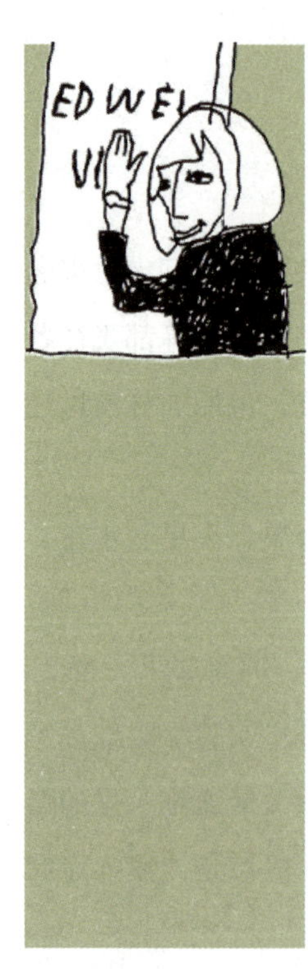

就这么起早贪黑含辛茹苦地过了五年，一百架造好了。

“好嘞！”大家欢呼着。

波洛克二世开着被他命名为“月球19号”的飞船开到了地球上空，扔了一枚超级大火弹。没想到，这么准，正好砸到了位于南美洲的亚马孙森林。它被誉为“地球的肺”，可现在，“肺”要炸了！火势蔓延得很快，地球人灭掉火时，亚马孙已经被烧掉五分之一。

波洛克二世躺在船舱里哈哈大笑，他浑然不知，地球已经知道是月球发出的挑衅了。地球总部派出两百“大军”（其实就是战斗飞船）浩浩荡荡地前去救援。就在波洛克二世得意忘形之际，他发觉一枚导弹擦着他的船舱过去。

他猛然惊醒，发出通知，一百架月球导弹战斗机飞了出来。

鏖战开始了。

一架月球战机刚消灭掉一架地球轰炸机，又被两架地球机炸得粉碎。就这么，天昏地暗，日复一日，两边的死伤惨重。被逼无奈之下，地球选择与火星联手，并通知水星帮忙传递一下地球和月球战斗的信息。月球招架不住这么猛烈的攻势，军队被俘虏或被杀了。

波洛克二世也落得一样的下场，被俘虏了。

另一边，水星正在对金星说这件战事，金星告诉木星，就这样，一传十，十传百，这件事闹得沸沸扬扬，都传出了银河系。

大家举手表态。

结果，全票通过月球的“罪行”。

火星做翻译，地球代表和波洛克二世进行了对话。

“现在，给你两个选择：第一，你、你的妻妾和你的子民全部被杀，或者把你们流放出太阳系；第二，你和你的那些族民全部活着回去，但是……”地球代表话锋一转，“你们被踢出九大行星的行列，从此就是八大行星，另外，你们将被监视，哼哼！”

波洛克二世思索片刻，缓缓地说：“算了，我选第二种。”

“行！”地球代表说，“在这里我当着大家的面宣布:月球不在我们的行列中，它将永远是一颗卫星！”

大家鼓掌，除了波洛克二世。

鏖战结束，和平了，一切都过去了。

月球衰败了……

叶开老师评：

方宴哲构思出的这部典型的《地月大战》，让我想起科幻小说先驱威尔斯的《火星入侵》，好像又叫《星际战争》，是描述火星人入侵地球的，与波洛克二世攻击地球，并烧毁亚马孙森林如出一辙。不过，你的"地月大战"设定是月球上有外星人，他们长得"使人看此魂魄散"的恐怖。要匹配这种恐怖，你还可以描述他们的黑科技，比"火弹"更恐怖的炸弹，例如"粪弹""癫狂弹""细菌弹"之类的。这样，战争中，就更热闹了。你设定太阳系各个星球都有人居住，这个也要强调是"高科技时代"才行。有些星球超冷，有些星球超热，他们的居住方式不同。

20 月球基地

闫星臣　八年级

“喂！你！说的就是你呢，看哪儿呢，你？”

“什么？”我一转头，发现身后有个工作人员正在冲一个带队老师发出警告，这个黄老师正贴着一个不起眼的小舱门往里看。他平常都给我们留特别多的作业，而且总是让我们写作文，此刻几乎所有同学的脸上都能看出幸灾乐祸的表情。

黄老师自然不想在学生面前丧失威信，板起脸回敬说：“不是同意我们可以随便参观吗？我也没想进去，就是看看，你这么说，我们不看不就成了吗。”

话音刚落，学生们都发出了“嘘——”的轻蔑声，甚至还有人悄悄地翘起了中指。

老师脸上有点挂不住了，继续说道：“就算我们去看看，又有

什么大不了的吗？你们不是特意预留了半个月，清理了非展览品的吗？这又不是女厕所，我们参观参观不行吗？”

这个工作人员（我看清了他的胸牌，他其实是这里的副主任）黑着脸又说：“这里没弄好，不能参观。”一般这种情况下，老师都会知难而退的，可是我们一直在他背后，嗯，“打气”，他今天的态度特别强硬。

旁边的另外两个带队老师过来把他拉走了，我本来以为这事应该就这么过去了，但是我的两个死党却在吃午饭的时候把我拉到了旁边，说他们觉得太无聊了，一定要去找点乐子。我太了解他们俩了，直接告诉他们说：“你们觉得他们会在那个小门后面关上几个妖怪，等着你们去给揪出来吗？你们小说看太多了！”可是实际情况是他们好像更了解我。他们说：“我们已经去看过了，那个小门里是宇航员的宿舍。”看不出来我的这两个小伙伴办事效率还是挺高的，这么快就查出来了。

“你们是怎么进去的？”

“那个门其实没锁。我们往里走了一点就看出是宿舍了。”

话说我的这两个小伙伴是一对双胞胎，都是男生，一个叫魏云圆，一个叫魏云方。可气的是，我和他们在一起快十年了根本分不清谁是哥哥，谁是弟弟。这还不是最要命的，听他们说，由于他们生下来的时候太像了，那天医院又比较忙，居然把他们俩搞混了，谁也不知道谁更大了。根据我十年的观察来看，他们说的很可能是实话，所以一般除了他们自己外，有时连他们爸妈也很难区分他们……

我能说的只是，不要惹他们，否则你会后悔的。

我和他们四岁的时候就认识，可以说除了他们自己以外，就我最了解他们。

同样的，他们也很了解我，知道我不会喜欢这样偷偷摸摸地闯禁区，就先自己去查看。发现了这么好的地方后，自然就叫我一起去宇航员宿舍过瘾了。

虽然平常我很守规矩，但是这个时候又怎么能忍得住呢。我毫不犹豫地跟他们奔过去了。到了小门前，他们轻轻一推，门就开了。我们三个一路小跑进去，我们往深处走，原来这里不光是航天员的宿舍，还是他们的训练中心，而由于现在是饭点，几乎没什么人。

我回忆了一下以前看过的资料，一般航天员午休都是一个小时，我们老师要求一个半小时后集合。宇航员们大概四十分钟后回来，所以我们可以偷看半个小时。

我带着他们来到了宇航员训练的地方，这里除了一堆高大上的运动器材之外，还有一些只有书里才能见到的旋转仪器。

经过很长时间的记笔记和拍照，我终于觉得差不多了，我拉着他们俩立刻往回赶。走的路上我飞快地看了一下时间。居然已经过了一个小时，还是没有航天员回来。但是我稍微想了一想就明白了，每次有重大事件时所有人都会聚集在一块准备着，今天绝对可以算是超级重要了。

他们俩其中一个忽然转过来对我说：“我们这是在哪里？”

我往周围一看，哎哟，我们转到哪里啦！周围全是仪表，还有一些闪烁灯，面前还有一个大门。我光顾着低头检查笔记了，都忘了看路了。不用问，肯定是这两个家伙故意的。我狠狠地盯着他们，一个不好意思地笑笑，低下了头。另一个，也在对我笑，但是一点也没有内疚的样子。

“我知道你们趁我记笔记的时候偷偷商量的，我就不追究了。发射马上就要开始了，只剩——我看了一下手表——四十五分钟了，你们最好让我能赶上发射，否则……”

（为了参加这次参观，我可不知道下了多少工夫，写作业和应征作文都快丢了小命了。全校只有二十几个学生参加。至于这两个家伙是怎样获得参加资格的只有老天知道。）

如果我因为这两个家伙的带领而错过了近距离观看这次发射的旷世机会的话，我，我这辈子也不会原谅他们。

他们俩从来没见过我发这么大的火，其中一个看上去有点无所谓，另一个又不好意思地笑了笑。我指着那个没在笑的喊：“我知道魏云圆总是忽悠你，但是这次是你们合谋！你是哥哥，解释吧！”（虽然说连他们自己也不知道谁是哥哥，但是云圆一般更淘气一些，我就默认他是弟弟，不管他怎么狡辩。）

他说：“咳咳，其实我才是云圆。”（他们一般真的胡闹起来，不透露谁是谁，没人分得清，两人都说自己是云方，我也没办法。）

“我们带你来这里呢，其实也是为了你好。”同时，他身边的云方（暂且这么认为）伸手捂住了我的嘴。我一点也不奇怪，他知道我这时肯定要问问题，他不想让我问，也不想打断他弟弟，就直接捂我的嘴了。云圆继续说：“我们特意搞来了这里的地图，这里面就是中央控制室，一会我们等到离发射还有两分钟时进去，装作很着急的样子。就说我们找不到老师和其他人了，可是又不想错过发射。他们一可怜我们，就允许我们在这里看了，回去后不就可以好好吹牛了吗？”他们的歪点子真是奇葩到了极致，话说正常人类哪想得出这种馊主意，但是我却被这个馊主意诱惑住了，这实在是让人心驰神往啊。

我最终同意了，现在想想，我当时真是鬼迷心窍了！！

事情的发展和我们预计的差不多。除了在发射前二十分钟被一个人发现了，后来差点被要求送回老师那里。我们三个人一起恳求，从“现在回去很有可能来不及了”到“您是我们见过最帅的人，真的！”最后，他居然同意让我们在指挥中心近距离观看了。

进去之后，所有人都向他打招呼，“主任好”“主任来了”，我们也不知道该有什么反应，只好假装没听到。

我仔细观察了控制中心的一切设施，详细地做了笔记。可是才写了不到一半，事情就闹大了。那两个家伙得寸进尺，居然想近距离观察一下火箭，这可是狮子大开口，发射前五分钟火箭周围方圆二百米就不能有别人了，可是简直太巧了，主任告诉我们，这次发射居然“延误”了！因为其中一个宇航员因为有什么事，会来晚一些，虽然不知道什么原因，不过重要的是，主任说我们有五分钟的时间可以看上几圈。这可是天上掉银行卡啊，简直幸福得无法无天了！

我和他们俩在火箭里记笔记、拍照、打闹（或者说在火箭里，我记笔记、拍照，他们俩打闹），时间很快就到了，主任说要走了。我恳求说再等两分钟，我有些东西还没记完，主任就先到外面等了。我记完笔记后，还是有点不舍，在一个椅子上躺好，想象这次发射的目的地——月球会是什么样子。

突然，感觉气压猛地升高，然后整个椅子在往上挤我，我瞬间眼前一黑，就昏过去了。

我醒来时，感觉浑身酸痛，胸口特别疼。自己已经是飘着的了。我的脑袋碰到了一个扶手，让我清醒了不少。我回想了一下发生了什么，我这还在火箭上，可是却是失重环境。难道已经升空了吗？我想说服自己这不可能，可是显而易见，事实如此。

我马上想到，魏云方和魏云圆应该也在火箭上，我试着动了动，胸口的疼痛忽然加重了。应该是有哪根肋骨断了，我顾不了这些，开始搜寻。我先找到一个贴在墙上，另一个趴在旁边，我使劲摇晃他们，贴在墙上的醒过来了，另一个怎么都弄不醒。

后来我还是决定先和地面取得联系再想办法。我刚这么说出来，整个舱室就回荡起了一个声音：“孩子们，现在能听见了吗？”

这个声音听起来十分焦灼。我尝试着说了一声：“能听见。”

顿时传来一阵很多人一起发出的欢呼声。这个声音继续说道："我是这次发射的副主任，就是不让你们进航天员宿舍的那个人，我给你们讲讲现在的情况和应对方法。主任离开出火箭后不久火箭就自动发射了，我们也不知道为什么，还在调查原因。火箭上有生命维持仪，让我们知道你们还活着，现在离发射时间已经过了三十一个小时了，我们每半个小时呼叫你们一次，我们看不见你们，要打开摄像头需要你们做一些调整……"

我们按照他说的打开了摄像头和显示屏，有一些人面对着我们，坐在中间的是副主任，他们看上去面容憔悴，能看出很长时间没有休息了，他们对我们说："魏云方（应该是他吧）内脏有些受伤了，但是生命无大碍。你们不需要会操纵火箭，地面工作人员一直在远程控制。你们接近月球后，月球基地的人员会帮你们着陆，到时候做好准备，我们会帮你们的。这次火箭上带了很多给月球送的补给品，不能返回了，你们可能得在月球待上一周。"

最后他说："你们歇一会吧，魏云方没醒就不要叫他了，你们都吃点东西吧，仪器显示说你断了一根肋骨，吃点药会有用，吃的和药品在……"最后又给我们讲了一些注意事项，我都是知道的，都是一些不要随便撒液体，小心仪表盘，还有怎样上厕所。不过现在太空

的厕所是专门设计的整个厕所慢慢旋转，大约会有月球上一半的重力，所以一般人也能好好上厕所了。

副主任说主任由于发射时离火箭太近受了伤，正在医院，现在已经脱离了危险期，并且一再强调我们非常幸运，在毫无准备的情况直接进入发射形态，都没有以合适的姿势准备，我们还没有生命危险，太幸运了。

虽然说已经脱离了危险期，但是我们还是很紧张。魏云方过了一会也醒了，我们告诉他发生的一切，他却没有惊异的表情，只是说："我肚子好疼。"副主任已经告诉了我们他内脏有些受伤，我们也只能给他找了一些止痛药，我只是对天文和航天有些研究，根本不懂医学。

在飞船上一共有两天（不包括我们晕过去的时间），我有将近一天半的时间在记笔记、做实验和拍照，剩下的时间要么在阻止他们作死，要么在斥责他们，这俩人有时挺有意思，但就是太不让人省心了。尤其是魏云圆，差点把自动驾驶的权限设置更改过来，如果真是那样的话，剩下的航程都得我们自己驾驶了。

不过和他们在一起这么多年了，这种情况并不少见，但是我从来没感觉这么累过。

快着陆时，副主任又和我们通话，并告诉我们这件事已经成为世界新闻了，而有的人觉得我们很幸运，还有的人觉得我们很可怜。

我开口问："有人觉得是几个熊孩子在故意捣乱吗？"

副主任沉默了一会，说："你们现在都是大孩子了，我们不该瞒着你们什么，有相当一部分的人是这么认为的。”

我正在考虑该怎么回答时，我身边的魏云方说：“没事。”

副主任眨了眨眼睛，“小孩的思维和大人是很不同的，你们怎么想的我们最好也不要乱猜测。你们准备一下吧，还有四十分钟着陆。”

我又想到了起飞的那天，我碰巧是以正常的姿势躺在梯子上的，他们俩魏云圆站在地上，魏云方抓着扶手在墙上爬，就这时猛地被压到了地上，而且我们都没穿宇航服，要不是我们三个都是年级体育成绩前五（没错，我就是传说中的学霸，体育成绩和学习成绩都在全年级前三，尤其擅长天文，哈哈哈。），肯定受不了。

降落前，我们都换成了另一种姿势，这次有心理准备了，总算没昏过去。只是我胸口又是特别疼，后来是魏云圆扶着我们俩站起来的。

很快就有几个月球基地的人来接我们并把我们带进了基地里，这个基地是中国自己建的，在月球上的第谷环形山里。这次计划着飞船来了后，让以前的工作人员回去一部分，新来的待在这里，现在只能有人回去了，没法有人来补充了。

我们计划要待上七八天，因为这就是原计划，可是才过一两天，这两个小家伙（忘了说了，他们比我小一个月）就不安分了，伤还没好，就要赖说：“月亮这么大，要出去看看。”其实我也挺想去的，只是我实在太担心了，谁知道这两个家伙会捅出什么娄子，可是基地里的人也有苦难言，根本没人会有时间陪我们。他们大大低估了这两个人的破坏力，告诉我们如果想去看就开上月球车去吧，他们没有给小孩准备宇航服，所以我们只能在车里，不能出去。

月球车比我想象的要好开多了，只有刹车、油门和方向盘，我就问你信不信，随着时代的发展，几乎所有东西都被简化了。

既然看上去和开卡丁车一样，云方和云圆为谁能先开大吵了一架，我上去劝架，你们谁先开都会被载入史册的——作为第一名在月球上开漫游车的未成年人。

但是他们好像吵得更凶了。结果其中一个占了上风，坐上了驾驶座。车走得摇摇晃晃，直到有一次压到一块大石头，整个车倾斜了四十度时，我立刻要求换人，并拿出了早已准备好的呕吐袋。不知不觉就已经到了上午十一点（北京时间）了，我们是八点出来的，我说该回去了，回去路上由我驾驶。

我为什么要听他的？为什么？

他拿了一块指南针，让我往北走，我居然想都没想就听他的了。现在想想月球上哪来的磁极？！结果，我们就这样绕到了一个不知名的地方。

我责问他的时候，云圆傻傻地问："什么？没有吗？我观察了一下周围，心里想了一下，月球上一般指南针都是会发疯地乱转，

刚才指南针一直指着一个方向，肯定是月球上磁极最强的地方，那一定就是指向基地的了，可我们却一直在往相反的方向走……”

我们开始返程，开了将近两个小时，总算看到远处建筑物的轮廓了，可是当我们开近了才发现，那不是基地，而是像一个百货公司的大楼。我们到了跟前看出来这座建筑物还有人住着呢。我们已经吓呆了，甚至没有去想为什么会有这么一个建筑物，因为从各个窗户里和门缝里出来了很多小蜘蛛，像海水一样，发出了“沙沙沙沙”的声音。当其中几只爬得快的离我们只有十几米远的时候，魏云方先反应过来，急忙调转方向盘，狠狠地踩下了油门。月球车以每小时三十公里的令人绝望的慢速开始前进，越来越多的蜘蛛开始逼近我们，很快整个车上爬满了蜘蛛，它们集体开始对月球车喷丝，很快，连三十公里的车速都达不到了，好在暂时还没有蜘蛛钻进车里。要说国产货质量就是好！最后，车终于完全停住了，显然它们往轮胎上也喷丝了。我们只能从窗户还能勉勉强强看到一点东西，蜘蛛都撤走了，而从那个百货大楼里出来了一些坦克，没错，货真价实的坦克，最可怕的是，炮口对着我们。

突然，漫游车猛地往前一蹿，一枚炮弹打在了我们刚刚还在的地方，我这才发现，魏云圆一直在使劲地踩着油门，接着月球车整个裹着蜘蛛丝往前走着。有的坦克又发了炮，但是没有打中，有一个贴着车顶打过去了，我们都听见了“嘎扭扭扭”的声音，车顶随即凹下来了一块。云圆开着车，还是每小时三十公里，几乎看不见路，盲目地行驶了很长时间，而且走的还不是直路，这点我可以肯定。到晚上六点半的时候，我们居然在前方又模模糊糊地看到一座建筑物，是基地！

（我们胡乱驾驶，结果就碰巧回来了，这个概率可只有不到百分之一吧，我们的人品真是太好了。）

我们和基地里的人讲述了发生的一切，看样子大部分人都相信我们。他们在一起商量了一下，决定提前回地球，并马上向地球报告。

回去的路上比来的时候还顺利很多，月球引力较小，所以起飞没那么痛苦。我们没有降落在海里，而是直接降落在了钓鱼岛，又是一个微乎其微的概率。

我们没有将遇见外星人的事和“闲杂人员”说，只是说我们开了月球车。后来记者问到谁是第一个开月球车的时候，云方说：“是我。”云圆说：“什么？是我！”记者转向我的时候，我抱歉地笑了笑：“不知道。”

后来中国也成立了一个寻找外星人的机构，具体进度是完全保密的。

现在看来外星人可能会在任何我们想象不到的地方，以任何形式出现，让人类措手不及。

我回到地球以后，至今认为，地球不会是人类单独的居所。

你认为呢？

叶开老师评：

闫星臣写了一部特别长，又特别有趣的《月球基地》。你从老师带着学生参观开始，写了“我”和双胞胎魏氏兄弟一起在航天城里淘气，到处乱跑，最后跑到了发射中心的火箭里，结果，本来预定发射的时间延后，主任让“我们”继续参观时，火箭突然自动发射了，三个小孩子在火箭上，因为超大的压力，差点没命了，好在，他们都是运动健将，哈哈。“我”断了肋骨。云圆和云方这两个双胞胎的描写很生动，他们的淘气，也很有意思。我想起了中国新时代科幻小说奠基者郑文光先生的名作《飞向人马座》，那也是一次意外。你这里还好，只是飞向月球。不过，后来驾驶月球车探险，到了背面，就碰到了外星人，先是蜘蛛（这是个很厉害的想象）接着是坦克车，这些都很怪。在这部作品里，你涉及了两个不同的内容，一个是“月球基地”，另一个是“外星人”，有一点点不太统一。如果是写“月球基地”，这个之前的参观等，都很完整；而探索中碰到“外星人”这个有一点点“例外”，后面也没有具体的更多的解决办法。你可以想象，既然月球车这么先进，小孩子都能驾驶来探险，那么月球基地的宇航员会不出去探险吗？他们会不遇见外星人吗？

21 月球危机

徐梓豪　六年级

“按现在的发展形势来看，月球以每年3厘米的速度远离地球，十亿年前，它和地球的距离只有现在的一半长。月球目前距离地球大约60倍地球半径。但是，由于在地球和月球之间有潮汐力的影响，月球正以每年约3厘米的速度慢离地球远去。”X博士向我说道，“现在我们成立一个特别行动组，你当组长，还有Mr.Long。你们的任务是要尽力让月球返回自己的轨道。好了Mr.Xu，再见。”

“滴……”

我瞪大双眼正在沉思中，这时，警报声响了起来，这是太空站中有飞船准备对接的警报，我往舷窗一看，原来是有一架飞船正向这里缓慢地飞来。我仔细一看，就看见在飞船的舱盖上印着一串英

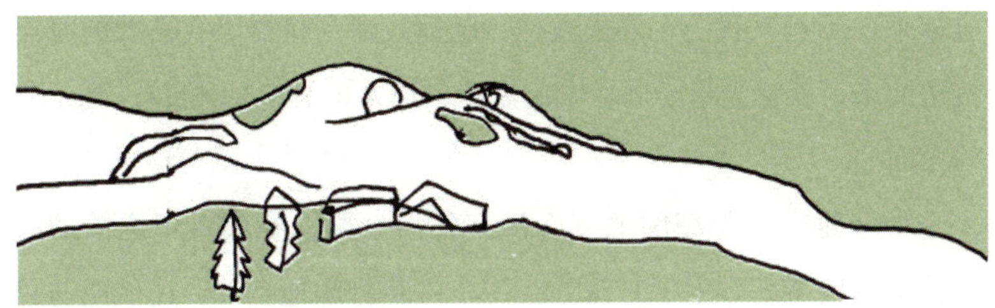

文“Ares”，原来是Mr.Long所在的飞船。

“对接中……”

“对接中……”

“对接成功。”

紧接着在对接舱口那儿，一串白气出现，压力恢复正常，我险些儿摔倒。

“嘎吱。”舱口门被打开了，一位年轻的先生来到了我的面前，“你好，Mr.Xu，我们是合作伙伴，这次的任务我已经听说了，稍微有一点点困难，但还是难倒不了我的。”

“嘿，小心点儿，Boss让我们来的目的并不是为了在月球上到处走一走，好吗？我才是这个团队的领袖。”我看着穿着量子服在月球表面到处乱走的他忍不住说道。

“你当领袖，你怕是白日梦做多了，我才是！我命令你待在飞船上，只要我一叫，就立马把我传送回去。”

呸，我心里想，但还是坐到了控制室里面。渐渐地，我就打起了呼噜，缓慢地睡着了……

咦，现在已经过去36个小时了，他怎么还没回来呢，即使有需要帮助的时候，我也会被叫醒啊，难道……我愣住了，但随后又回过神来，不行，我一定要去救他，随后我命令机器等我需要的时候传送回来，就穿上量子服，拿起激光剑以及B-H223步枪传送到了月球表面。

月球是一片荒凉的地方，没有任何生机，在创世纪之前的时候，阿姆斯特朗登上了月球。我一步一个脚印地走着，还试图与总部联系，但是这里好像有一个磁场，不能让我发出信号，罢了，继续走。这时我突然看见前面有一串脚印，中间还有一个拖拉的痕迹，不可能是Mr.Long，那只可能是外星人！

我手里的枪拿得越来越紧了，就在这时我看见前方地上突然裂开了一条缝，钻出了一个金刚，没错，就是金刚！但是不是那头大猩猩，而是不知是由什么材料打造出来的人型兽，它看了看我，猛地向我扑来，我拔出激光剑，使劲一刺，瞬间就把那只野兽刺穿了，我看见前面的裂缝快要合上了，就连忙跳了进去。

这是一个基地！我震惊了，在这里绝对不能发出很大的响声，我把枪背到背后，拿着剑往前深入。

“啊！”一个声音从远处传来，我仔细一听原来是Mr.Long的叫声，我连忙赶了过去。就发现，有着一些变种人（自己定义的）正在拷问他，我怒了，举起枪冲了过去，这时一个变种人转了回来，惊讶地看了我一眼，随后打了一个响指我就瞬间被吸了过去。

他一把夺过我的枪，没有注意到我的剑，就把我丢进了牢笼里面。

“没想到啊，又来了一个人类，你们的科技虽然进步了，但是也没我们强大，我想你们来的目的就是为了我们的母星不离开吧？告诉你们吧，其实是我们在操控它缓慢离开，哈哈哈。杀了他们。”

“没门。”我一把拔出激光剑，一个横劈，门就被我割破了。

Mr.Long惊讶地看了我一眼，变种人们看了看我手中的武器，随即冲了过来，我奋力杀敌，拿过被丢到地上的枪，丢给了Mr.Long，说：“去控制室！把月球移回！”

“是，长官！”随后就跑到了深处，我听到了那句话，倍感激动，正在这时我的肩膀被咬了一口，毒素慢慢扩散。

那个变种人说：“去追另外一个！”随后对我说：“没希望了孩子，我给你个帮助吧。”随后又咬了我一口，加快了毒素的进攻速度，我根本没有想到量子服竟然挡不住他们的牙齿。咬完，他就带领着其他人离开了这里。

我艰难地抬起手，竟然可以通讯！我连忙拨通了Boss的号码，但是对方正在通话。我忍住疼痛发了条语音讯息：Boss，我们失败了，别再……派人来这……儿了，我和……同伴以死……报国，值得了，再……见……

地球上。

“叮……”田总看了看手机，看到了一条讯息，当他听完时，泣不成声……

叶开老师评：

徐梓豪在写"两人组合"一起去月球探险，发现外星人基地的这个故事时，背景设定很不错，尤其是找资料证明月球每年以3厘米的速度远离地球，而X博士希望Mr.XU和Mr long去月球执行任务，"让月球返回自己的轨道"。这个任务明确，而人物分工也明确。后面的结局太悲剧了，我看了有点忧伤。你这里有两处可以考虑一下，第一，他们那个时代以什么技术能让庞大的月球重新回到原有的轨道？第二，外星人驾驶"月球星舰"是怎么驶离地球的？这两个问题可以好好想一想。另外，你用"我"来写，最后一段，却来了一个"田总"的角度，这样很怪。

22 星月之音

幂小狐（崔纾宁） 五年级

第一章

一束光透过窗帘照进我的房间，我醒了，随即是一阵骚动“快看啊！”我的室友法苏尖叫着向窗外兴奋地张望，“什么东西啊？”

我心里十分疑惑。月亮？嗯，没错，是月亮。我们仿佛被月亮笼罩了起来，伸手就可以触摸到月亮似的，皎洁的月光照亮了整栋楼，奇怪哦，今天不是月食吗，月亮怎么这么大这么完整呀？

一连串问题像泡泡似的冒了出来，感觉这些问题的答案超出了我的脑容量。我踮起脚把头探出窗外，看到的却是另一番出乎意料的景象……就在这时，这栋寝室楼的每一个寝室都发出了凄厉的尖叫，OMG！我不是在做梦吧，我们的寝室楼不知什么时候飘离了地面，慢慢升高，现在已经离开了地球，来到了浩渺的银河系。

没有穿戴任何装备的我没有感觉呼吸困难，也没有感觉重心不稳。难道我已经死了？一个可怕的念头在我的脑海里浮现了出来，我心里充满恐惧。正当我胡思乱想之时，不可思议的事情又发生了……

第二章

惟独我们的寝室像一个抽屉似的脱离了楼，飘到了月球的另一端，这时我们被一股引力给吸走了。

我摔在地上，却没感到疼痛，一个幻影般的身影向我们走来，我们瞪大两眼望着她。“我是月亮之女——露娜，很高兴能够再一次见到你们，我的使者芙洛蒂会带领你们熟悉你们的故乡,认清你们的身世。”什么故乡，她在说什么我怎么听不懂啊？

第三章

露娜不见了，另一位白衣女子走来，对我们说“朵蜜，法苏，拉缇，芮闪，欢迎回来。”

我有些莫名其妙，她微微一笑，一挥衣袖，月层上出现了许多怪怪的符号，“月亮是由一些小陨石组成的，你们就是四块被月引力吸引过来的音律韵石。你们的出现使月球充满了生机，化为人形的你们在月球上刻下了月光奏鸣曲，以纪念月球的诞生，随后便失去了记忆，去了地球。”

原来如此，怪不得我对这些符号有莫名的亲近感。

“朵蜜是音阶中的Do和Mi，芮闪是音阶中的Rui，法苏是音阶中的Fa和So，拉缇是音阶中的La和Ti，你们的出现构成了月光音阶。”身世之谜揭开了，我回到了地球，但心里对我的故乡仍然念念不忘。

叶开老师评：

崔纾宁的这个月球小魔女的设定，非常奇特。尤其是，月球笼罩宿舍，整个宿舍楼来到太空，却没有呼吸不便，并且，单独的宿舍飘向了月球，这才发现，朵蜜、法苏、拉缇、芮闪四人是“音律韵石”，并刻下了“月光奏鸣曲”。这个很魔幻,但是超有意思。虽然不是科幻，但是也很好。不过，你写她们回到地球，这个简单了一点。去月球时写得很生动，回来时，也应该写得生动一点。

23 丽萨的月球日记

张又允　四年级

2100年2月17日 晴

轰隆隆的声音响彻了整个天空。人类第一辆月球探索车发动了。在这历史性的时刻，月球探索车的主要设计人杰克先生说：“这是人类的一小步，却是世界的一大步。”

不愧是月球探索先驱阿姆斯特朗先生的铁粉啊，连说出来的话都一样！哦，忘了自我介绍了，我叫丽萨，是地球航天探索局的局长。明天，我将乘坐FTTM（Fly To The Moon月球探险火箭系列的缩写）去月球进行探索，当然，我的日记不会断，我将在接下来的日记中介绍各种我在旅途过程中发生的事。

2100年2月19日

（从今天开始一直到2月21日都不会写天气，因为我在月球，不知道地球是什么天气。）

在这里我想要解释一下，因为我在从地球到月球花了一天的时间，这一整天都是浮空状态，所以没法写日记。现在，我正在月球探索协会的月球空间站里准备探索用品。探索完后，我会将在探索中发生的事记录在这里。

Hello！你的好友丽萨又上线啦！今天的探索真是让我大开眼界！首先我深入地挖掘了阿思奇默陨石坑，（这里要备注一下，后面要出现的各种专有名词2000—2050年出生的人可能会听不懂，因为这都是近20年才发明出来的新词。）发现陨石坑里有大量的石灰粉和原木家具残骸，恐怖小说的感觉爆棚啊！后来，我又在更深的地方发现了淡淡的血迹，我真的吓得快逃掉了！这里面肯定有人住过，要么是地球人，要么是外星人。我用人类迹象探测器测了测，哦，原来是上一个探险者A先生的栖息之地啊！那时宇宙旅馆还没建成，而且上面有他的指纹。其实仔细想想，好像也没那么恐怖嘛！我胆子真是太小了！

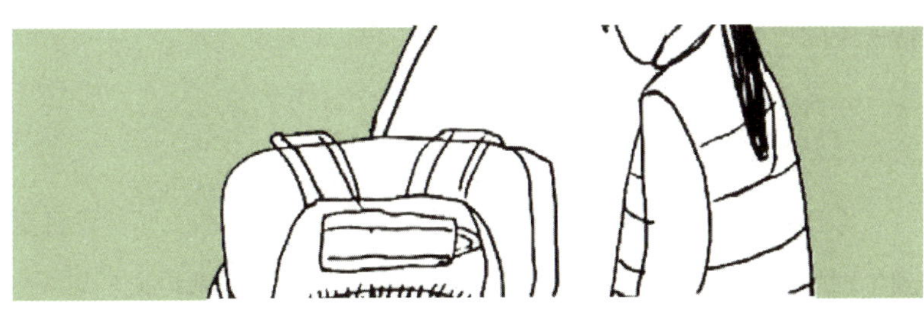

“欧——”嘿嘿，太困了，就打了个哈欠。这就是我今天的探索旅程。晚安！886！

2100年2月20日

古德猫宁！现在是月球时间8：25分。我已经结束了一天的探索旅程，回来写日记啦！（月球是早晨睡觉晚上工作）

今天，我去了阿米巴月球山徒步，在路边，发现了一棵紫色的树，那树上有一张纸条，上面写着：“把我砍掉，可以拿神秘礼包。”

按照我好奇的一贯做派，当然是把它给砍了。结果，我砍到一半，突然，上面掉下来一条狗。那狗身上也贴了一张纸条，上面写着：“the secret gift of the most curious person！”

妈呀！这就是大礼包啊！这条小狗一直冲我叫，我可是患有先天性小狗恐惧症的病人，拿狗来吓我，故意的吧！呜呜呜……快逃命啊！

呼哧呼哧，我逃到了阿米巴月球山顶。呀，工作忘了做了！我赶快拿出挖掘机，连忙挖了几个月岩就回来了。回来后，我将月岩分成了碎片，竟然在里面发现了许多酒精含量，天呐，难道这就是传说中的“醉石”吗？

2100年2月21日

今天是我在月球的最后一天，应该也是最轻松的一天。我将要到各国的月球空间站做客。好了，丽萨要出发了，回来再说！

噜噜噜……我又回来啦！今天真是我在月球上待得最开心的一天！我是中美混血，所以最先去的就是我属于的两个祖国啦。

第一站是美国空间站。那儿很庄严，每两个小时都会升国旗，宣誓。我最喜欢的就是他们那儿的月球展览博物馆，他们连罕见的玉兔都逮到了，真是不容易。

第二站是中国空间站。那空间站就像一座宫殿一样。它的设计者李先生说，这是根据《嫦娥奔月》里的月殿来的灵感。那些空间站的工作人员（都是女性）都穿着丝绸旗袍，像仙女一样，美丽极了。那儿的小吃就是各种各样的月饼。吃了它，就像回到了祖国的土地上一样。

第三站是瑞士空间站。瑞士的兄弟姐妹可真热情，特地拿了烤玉兔招待我。可我是属兔的，不吃同类是我的原则，所以我就拒绝了。他们也没有不高兴，还请我吃了瑞士特产埃曼塔奶酪蛋糕，美味极了！

由于时间关系，我只拜访了这三个最著名的空间站。我的月球探索之旅也就结束了。你们就等着我下一部《火星之旅：丽萨的火星日记》吧！

叶开老师评：

张又允的日记体《月球之旅》写的是一个"驴友"在未来的某个时候登上月球旅游的故事，这个故事写得很欢

脱，还很有现场感，尤其是"hello！你的好友丽萨又上线啦"这类，包括"古德猫宁"，都很口语化，很生动。月亮上真有"醉石"吗？给我来两块！这个想象太棒了。至于，月球阿米巴山上砍树掉下一条狗，这个梗太荒诞了，你想，月球上是没有空气没有氧气的。要有，也应该是"机器狗"吧，活灵活现就可以了。或者，该狗戴上了氧气面罩。

24 二道轮回

逆天苍狼（唐可昕） 二年级

夜里，我照常借口去洗手间上厕所，人们都睡得香甜，不知他们之间出了叛徒，可我心中一阵狂喜，我的帝国终于强大了！我颠覆了整个地球人的观点，悄然无声地爬过冰冷的水泥管道，来到地球末日那天的太平洋深处，要飞了！

空气肆虐地吹打着我刚伸出的翅膀。冲出了大气层，落到月亮上，那些受不住地球引力的石块在空中飘浮，我必须左躲右闪，避开它们。

好不容易到了月亮上,月球人一看，见我就齐声欢呼:“鸟人国王,今天是个好日子，压迫我们当牛做马的人类终于要得报应了！”

我给予热情回应。一天后，我们只听到“轰！”“砰！”——地球不复存在。

地球人四散奔逃，家庭已粉碎，血流满地，无数人离奇失踪、死亡！尖叫声连连不断，我们肆无忌惮地狂笑起来，开着飞船去地狱，抓了好多人回月球。

我们把人关在金刚石笼子里给他们嘴里塞各种月球人的食物，如：钙石、贝壳、墨鱼骨、指甲合成物、鸭子。我们对人挺宽厚的，每星期一出来遛一次人，人们还有死鱼骨头吃。

说起喝茶，我还是很喜欢，我经常和我的几个月球贵族一起出去在环形街喝沥青茶还有买磨牙石等等，我们养人的目的第一点就是当我们没有食物的时候可以充当填饥物，第二点是可以当宠物遛遛玩玩，还可以折腾他们。俘虏当然也行，不过没有那么好玩，那最好玩的办法就是把他们关在笼子里用皮鞭把他们训练成坐骑，载着我们去上班。我们也喜欢激怒这些大个儿的宠物让他们来抓我们然后飞到空中再调戏一番，我们睡觉时候拿合金棒子砰砰地敲他们的笼子让他们无法入睡。

终于有个人无法忍受了，他决心反抗，带着自己的同类离开这个星球。他秘密制定了一份文件准备带回地球，这份文件里记载着他们原来过着什么生活以免有人想放弃，然后他便行动起来。他在一个夜里带上他的所有东西，他晚上一夜没睡，从喝醉了酒的月球人民身上搜出了钥匙，打开笼门，迅速解救了所有的同伴。他们悄悄爬过叮当作响的金属大门，凑合着找到了飞船，天已经蒙蒙亮了。他们勉强挤进飞船，飞船缓缓移动，每个人心里都万分激动，主人终于要回归久违的家园了。或许他们想地球会回来，可是他们来到地球——曾经那个熟悉的地方时，却发现没有任何“东西”，他们哭喊着：“早知道就回月球了嘛！”

可是，飞船燃料已经耗尽了，它再也不能驰骋了，它慢慢地掉下去……最后变成一个小光点消失了。

从此，这个世界上再也没有美国、英国、埃塞俄比亚、中国，连地球都没了，人，也不再轮回存在。

叶开老师评：

哎呀太疯狂了！逆天苍狼同学你太厉害了！你写的这个月球人毁灭地球的作文实在太疯狂了，我深深地感到佩服和恐怖。如果真的被月球人毁灭了地球，并且把剩下的地球人抓来关进金刚石的笼子里，往嘴里塞钙石贝壳之类的食品，并被当成家禽家畜一样养着随时被吃掉，这个确实太恐怖啦。不过，月球把地球炸掉，会不会破坏太阳系的平衡，让月球突然掉进“深渊”呢？你说，哎呀，我没想到啊。这个确实，要好好想想，干脆别炸掉地球，就是把地球的水吸干，偷走就可以了，或者荒漠化。

叶开总结

“月球在上！”

关于月球，自古以来，世界各地不同的文明，都发展出了不同的神话，其中，华夏文明的月亮神话是最丰富的传统文化资源之一。而延续着对月球的悠然思考，中国传统文化中，与月球相关的诗词文赋琳琅满目，很多同学都能脱口而出背诵很多。

被闻一多先生称“诗中的诗，顶峰的顶峰。”又称“孤篇横绝，竟成大家。”的唐代大诗人张若虚长诗《春江花月夜》，开篇就写月球：“春江潮水连海平，海上明月共潮生。滟滟随波千万里，何处春江无月明！”一直写月球：“江畔何人初见月？江月何年初照人？人生代代无穷已，江月年年望相似。”末篇还写月球：“斜月沉沉藏海雾，碣石潇湘无限路。不知乘月几人归，落月摇情满江树。”这是唐诗中写月球想象最丰富，情思最多的一首诗，看到永恒的月球，思考短暂的人生，对比极其强烈，艺术渲染力很强。同学们可以找来背诵一下。

宋词中，大词人苏轼的名作《水调歌头·中秋》：“明月几时有，把酒问青天。不知天上宫阙，今夕是何年。”也是从月球中，思考人生。

但是，那些传统的思考，都是对月球的朦胧认识，是从地球的角度思考月球的。认为月球上有“广寒宫”，有“嫦娥”“吴刚”、“玉兔”凄凄冷冷地住着。为何这样呢？他们都是有罪的人。嫦娥背叛了丈夫后羿，吴刚犯了天条，玉兔则可能是后羿的化身，他为了追赶妻子，慌不择药吃错了药，结果虽然飞到了广寒宫，却会在夜里变成兔子。这位玉兔总在深夜别人不注意时出来捣药，希望最终能恢复人形……

但现在，我们在思考月球时，已经不必拘泥于过去的浪漫想象了。

科技发展之后，人类对月球的认识，与先民们的想象相比，有着天差地别的不同。从科技和科幻的角度来重新理解月球，我们会有着怎样的想象呢？这正是我对学生们的好奇之处，我希望看到他们的与众不同的特殊想象。

果然，狼昨在《被删除的世界》里，继续了自己热爱的“平行世界”模式，动不动就“调整时空”，弄得眼花缭乱的。而时践的《幻方》则运用了冒险特工队的模式，来演绎了兄弟家族的爱恨情仇。黄铭楷的《月表之下》则异想天开地把原来在欧洲地区生存、后来毁灭了的尼安德特人的素材放在月球上，重新演绎了一次星际争霸，真是让人耳目一新。而莞若清风在自己的《那一天，静待花开》里，著名的园艺师在月亮上成功地栽培出了一棵桂花树，这样设计了对“月桂树”的新阐述，也是出人意料的做法。另外还有超级清新的儿童小说写法，如严心翎的《为月球接生》是设计成了“月球宝宝”，真是太有意思了。

时代进入了二十一世纪，新一代在传统之内，又在传统之上，结合着未来科技重新思考传统文化，会有更棒的想象。